大学英语教学模式构建与课程改革研究

赵 垒 著

北京工业大学出版社

图书在版编目（CIP）数据

大学英语教学模式构建与课程改革研究 / 赵垒著
. -- 北京：北京工业大学出版社，2022.3
ISBN 978-7-5639-8292-9

Ⅰ．①大… Ⅱ．①赵… Ⅲ．①英语－教学模式－教学研究－高等学校 Ⅳ．① H319.3

中国版本图书馆 CIP 数据核字（2022）第 048524 号

大学英语教学模式构建与课程改革研究
DAXUE YINGYU JIAOXUE MOSHI GOUJIAN YU KECHENG GAIGE YANJIU

著　　者：	赵　垒
责任编辑：	李俊焕
封面设计：	知更壹点
出版发行：	北京工业大学出版社
	（北京市朝阳区平乐园 100 号　邮编：100124）
	010-67391722（传真）　　bgdcbs@sina.com
经销单位：	全国各地新华书店
承印单位：	唐山市铭诚印刷有限公司
开　　本：	710 毫米 ×1000 毫米　1/16
印　　张：	11.25
字　　数：	225 千字
版　　次：	2023 年 4 月第 1 版
印　　次：	2023 年 4 月第 1 次印刷
标准书号：	ISBN 978-7-5639-8292-9
定　　价：	72.00 元

版权所有　　翻印必究

（如发现印装质量问题，请寄本社发行部调换 010-67391106）

作者简介

赵垒,男,1981年4月出生,江苏省淮安市人,博士,毕业于菲律宾莱希姆大学。现任淮阴工学院讲师。研究方向:应用语言学与二语教学。主持2021年江苏省社科联项目一项(已结题)、2021年江苏省高校哲学一项(在研),主持2018年、2021年淮安市社科联项目两项(均已结题),作为独立副主编参与"十三五"教材编撰工作,发表论文数篇。

前　　言

随着英语使用全球化的程度的加译，英语在我国高等教育中的地位也越来越重要。经过多年的实践研究发现，构建合理的大学英语教学模式，改革大学英语课程，能够有效帮助大学生提高其英语水平。基于此，本书对大学英语教学模式构建与课程改革进行了相关研究。

全书共九章。第一章为绪论，主要阐述了大学英语课程设置概况、大学英语课程建设的目标、大学英语教学模式的现状、大学英语课程改革的必要性等内容；第二章为大学英语教学的基本模式，主要阐述了任务型教学模式、内容型教学模式、多媒体教学模式、交互式教学模式等内容；第三章为大学英语词汇教学模式构建与课程改革，主要阐述了大学英语词汇课程教学现状、大学英语词汇教学模式构建、大学英语词汇课程教学改革等内容；第四章为大学英语语法教学模式构建与课程改革，主要阐述了大学英语语法课程教学现状、大学英语语法教学模式构建、大学英语语法课程教学改革等内容；第五章为大学英语听力教学模式构建与课程改革，主要阐述了大学英语听力课程教学现状、大学英语听力教学模式构建、大学英语听力课程教学改革等内容；第六章为大学英语口语教学模式构建与课程改革，主要阐述了大学英语口语课程教学现状、大学英语口语教学模式构建、大学英语口语课程教学改革等内容；第七章为大学英语阅读教学模式构建与课程改革，主要阐述了大学英语阅读课程教学现状、大学英语阅读教学模式构建、大学英语阅读课程教学改革等内容；第八章为大学英语写作教学模式构建与课程改革，主要阐述了大学英语写作课程教学现状、大学英语写作教学模式构建、大学英语写作课程教学改革等内容；第九章为大学英语翻译教学模式构建与课程改革，主要阐述了大学英语翻译课程教学现状、大学英语翻译教学模式构建、大学英语翻译课程教学改革等内容。

为了确保研究内容的丰富性和多样性，在写作过程中参考了大量理论与研究文献，在此向涉及的专家学者们表示衷心的感谢。

最后，限于笔者水平，加之时间仓促，本书难免存在一些不足，在此，恳请同行专家和读者朋友批评指正！

目　　录

第一章　绪　论 …… 1
第一节　大学英语课程设置概况 …… 1
第二节　大学英语课程建设的目标 …… 4
第三节　大学英语教学模式的现状 …… 5
第四节　大学英语课程改革的必要性 …… 7

第二章　大学英语教学的基本模式 …… 12
第一节　任务型教学模式 …… 12
第二节　内容型教学模式 …… 14
第三节　多媒体教学模式 …… 22
第四节　交互式教学模式 …… 25

第三章　大学英语词汇教学模式构建与课程改革 …… 33
第一节　大学英语词汇课程教学现状 …… 33
第二节　大学英语词汇教学模式构建 …… 42
第三节　大学英语词汇课程教学改革 …… 50

第四章　大学英语语法教学模式构建与课程改革 …… 57
第一节　大学英语语法课程教学现状 …… 57
第二节　大学英语语法教学模式构建 …… 59
第三节　大学英语语法课程教学改革 …… 61

第五章　大学英语听力教学模式构建与课程改革 ······················· 67
第一节　大学英语听力课程教学现状 ······················· 67
第二节　大学英语听力教学模式构建 ······················· 68
第三节　大学英语听力课程教学改革 ······················· 72

第六章　大学英语口语教学模式构建与课程改革 ······················· 85
第一节　大学英语口语课程教学现状 ······················· 85
第二节　大学英语口语教学模式构建 ······················· 90
第三节　大学英语口语课程教学改革 ······················· 96

第七章　大学英语阅读教学模式构建与课程改革 ······················· 104
第一节　大学英语阅读课程教学现状 ······················· 104
第二节　大学英语阅读教学模式构建 ······················· 109
第三节　大学英语阅读课程教学改革 ······················· 110

第八章　大学英语写作教学模式构建与课程改革 ······················· 130
第一节　大学英语写作课程教学现状 ······················· 130
第二节　大学英语写作教学模式构建 ······················· 133
第三节　大学英语写作课程教学改革 ······················· 139

第九章　大学英语翻译教学模式构建与课程改革 ······················· 154
第一节　大学英语翻译课程教学现状 ······················· 154
第二节　大学英语翻译教学模式构建 ······················· 157
第三节　大学英语翻译课程教学改革 ······················· 159

参考文献 ······················· 170

第一章 绪 论

本章分为大学英语课程设置概况、大学英语课程建设的目标、大学英语教学模式的现状、大学英语课程改革的必要性四个部分，主要包括课程设置概念界定、大学英语必修和选修课设置情况、大学英语课程建设的必要性和目标、"传统型教学"和"现代型教学"模式的现状、大学英语课程改革的社会需求、英语教学的最新要求、课程改革发展的最新要求、学生需求的必要性等内容。

第一节 大学英语课程设置概况

一、课程设置概念界定

对于课程设置的概念，学界并没有统一的规定，国内外相关的学者对于课程设置的定义也持有不同的看法，因此本节就课程设置的定义、课程设置模式两个方面来具体阐述课程设置相关概念，以期更为清楚地解释课程设置的内涵，为后续的课程设置提供思路，从而更好地探讨大学英语的课程设置。

（一）课程设置的定义

关于课程设置定义的界定，国内外学者们各持己见。我国学者潘懋元指出："课程设置是培养人才的规划，它把达到培养目标所要求的教学科目及其目的、任务、内容、范围、进度和活动方式的总体规划体现出来。"国内学者季诚均认为课程设置是"学校对课程的类别、课程的顺序安排、学时分配，以及学习目标等的规定"。我国王守仁教授认为课程设置主要规定了学校的教学内容和课程内容。国外学者理查兹（Richards）认为课程设置具体包括教学目标、课程内容、教学实施过程以及课程评价等，课程设置实际上是指一个整体的教学系统，包含教学的各个环节和过程。哈钦森（Hutchinson）和沃特斯（Waters）认为课程设置应将学生的学习需求转变为教师的教学需求，根据学生的学习需求来设计教学大纲，并结合教学大纲，编订合适的教材，探索高效的教学方法并选择最优的教学评估方法。奥利瓦（Oliva）认为课程是学校教授的内容，包括教学计划、一系列学科和教学目标等。杜宾（Dubin）认为课程是一个普遍的概念，包括教学目标和教学内容。帕克（Parkay）认为课程涉及学习者从旨在实现特定目标的教育计划中获得的全部经验。马什（Marsh）将其定义为学校规划的学习活动和学生的学习经历。从上述国内外学者对课程设置相关定义的阐述可以看出，学术界对于课程设置的定义并没有统一的定论，不同的专家对课程设置也持有各自不同的看法。课程设置不应该仅仅局限于一个或两个方面，而应该综合、动态地结合课程中的各个因素、各个方面，只有这样才能真正满足学习者的需求。

（二）课程设置模式

国内外相关学者对课程设置相关研究的成果，给课程设置的研究带来了很大的启发。按照国内外学者对于课程设置的阐述和定义，如果想要对课程设置做全面的阐释分析，就必须从课程设置的模式来探讨。对于课程设置的模式，也没有统一的说法，国内外相关学者们从多种角度、多个层面、不同的出发点提出了多种不同的课程设置模式。由于对课程设置的研究最早起源于国外，所以国外对于课程设置模式的研究相比国内而言更加成熟体系化，下面将重点介绍国外知名学者提出的课程设置模式，以期为后续的研究提供启发。

美国教育学家、"课程评价之父"泰勒（Tyler）提出了课程设置的目标——手段分析模式，该模式也被称为经典课程设置模式。泰勒的经典课程设置模式主要包含如下四个方面：教学目标的选择，学习经验的选择，学习的组织，评价考核。该模式使得分析课程设置变得具有可操作性。在泰勒的经典模式提出之后，劳顿（Lawton）认为泰勒的经典模式描述过于简单，他认为评价考核的环节应该发生在课程学习的每一个阶段，贯穿于课程设置的整个过程之中，而不是全部的课程结束之后。劳顿的观点随后得到了国外很多学者的支持。课程设置的知名专家多尔（Doll）首次提出了课程设置的"4R"原则，即丰富性原则、递归性原则、相关性原则和严谨性原则。多尔的"4R"原则实际上是对泰勒经典模式的进一步补充。努南（Nunan）认为课程设置具体应包含课程计划、课程实施、课程评估和课程管理，课程管理是他新提出的一个课程设置组成部分，该部分主要是为了分析学习资源在学习和教学中的利用状况。达德利·埃文斯（Dudley Evans）和圣约翰（St.John）指出课程设置模式应包括需求分析、大纲设计、教学和课程评估几个部分。

从泰勒的经典课程设置模式、劳顿对课程设置模式的补充、多尔的"4R"原则、努南的课程管理、达德利·埃文斯和圣约翰的课程设置模式中可以看出，课程设置模式不是一个静止的、描述性的、简单的模式，课程设置模式应是不断变化发展的。

二、大学英语必修课程设置情况

我国大学英语必修课是依据《大学英语课程教学要求》设置的，其中虽然没有明确规定英语课程的学时和学分，但从总体上要求大学英语必修课要有足够的学时和学分，要满足学生对英语学习的需求。高校还应在保证课时的基础上把信息技术和英语课程进行整合，开发和建设信息化网络英语课程，从而保证有不同英语学习需求的学生进行个性化的专业学习，保证英语必修课的稳固地位，培养学生的英语综合应用能力，提高学生的跨文化素养。

在英语必修课中要遵循综合英语课为主、视听说为辅的课程设置要求，重视对学生英语听说读写译综合能力的培养，加强大学英语网络自主学习中心的建设，充分发挥学生在英语学习中的主体地位，充分保证网络学习的硬件和软件设施的建设。

总之，由于高校各自情况及大学生个体的差异，高校英语必修课课程设置也存在很大的差异。

三、大学英语选修课程设置情况

大学英语选修课是在必修课基础上的提升课程，以提升学生英语应用能力为目标。学生在完成基本的综合英语必修课任务后，就可以根据自己的学习需求来选择选修课程。在大学中不同专业、不同年级的学生可以共同选修同一门课程，这样高校英语选修课程的数量就会增加，也会得到更多大学生的认可。

大学英语选修课的落脚点还应该在专门用途英语课程的设置上，应当为高校专业院系服务，方便学生开展专业学习，提高英语职业能力。不同高校应针对不同的人才培养目标开设不同的英语选修课程，重视通用英语和专门用途英语之间的融合，建设具有本高校特色的英语选修课程体系，不断提高大学生的英语水平，更好地服务于本专业人才的培养，深化大学英语教育教学改革，满足高等教育国际化的社会需求。

第二节　大学英语课程建设的目标

一、大学英语课程体系目标

大学英语课程体系是在大学英语教学价值理念的指导下，将英语课程的构成要素进行排列组合，使得英语各门课程要素在动态实施过程中统一实现英语课程体系目标的系统。大学英语课程体系应是一个多层次、多结构的课程系统。

根据大学英语教学改革发展的总体目标，要提高大学英语教学质量，多样化地开展英语教学和评估，大学英语课程体系建设就要进行多方位的思考。大学英语课程建设要能集中体现大学英语课程的计划安排，能对课程结构和课程内容进行科学合理的安排，最终塑造大学生的人文精神，提高大学生英语知识的灵活应用水平，培养综合性的英语语言人才。

在这样的大学英语课程建设要求下，大学英语课程建设体系的目标就要既能满足社会对英语人才的需求，还能满足学生自身发展的需求。大学英语教学既要精准衔接高中英语教学，还要与其他各学科专业教学质量标准有机结合。根据大学英语课程的主要内容，大学英语课程体系建设也分为以下三个类型。

（一）通用英语课程建设

大学英语课程体系建设中的通用英语课程建设分为基础级别和提高级别的课程。

基础级别的英语课程是以高中选修课为起点的培养学生基本的英语听、说、读、写、译技能的课程，是以培养学生学习基本的语言知识为基础的，通过高中阶段的英语学习，达到大学英语教学基础目标的相关要求的课程建设。

提高级别的英语课程不仅要提升学生的英语听、说、读、写、译的综合技能，还要兼顾英语语法、英语词汇、英语篇章及英语语用方面的语言知识的巩固提高，同时，要进一步扩充相关学科的知识，最终使学生的英语能力达到大学英语教学提高目标的相关要求。

（二）专门用途英语课程建设

大学英语课程体系建设中专门用途英语课程建设是将特定的学科内容与英语

语言教学有机结合起来,在英语教学过程中对学生在特定学科的知识学习中所遇到的英语语言问题着重解决,培养学生在特定学科方面的英语能力。

专门用途英语课程中也有基础级别的课程,通过对基础通用学术英语和入门级职业英语课程的学习,能够提高学生的专门用途语言技能,让学生在学习中掌握初步的通用学术英语专门知识,还能够学习基本的语言表达。

这类的课程能够突显大学英语的工具性特征,这就要求高校在英语课程建设中以特定学科和英语科学的建设需求为基础开设专门用途英语课程,既要体现出高校对英语人才培养规格,又要体现高校英语教学特色,这样学生可以根据自身的需求选择特定学科进行学习。

(三)通识教育英语课程建设

通识课程建设是用外语(区别于汉语)讲授的、意在拓宽知识、了解世界文化的素质教育课程,培养兼具工具性和人文性的综合人才。

二、大学英语课程建设目标

大学英语课程建设目标就是要在满足社会、学生需求基础上建立科学的英语课程体系,把大学英语课程改造成英语语言学习和技能训练、跨文化交际以及通过英语获取多学科基础知识的一门综合性的、多功能的通识教育课程。

各高校应根据学校类型、层次、生源、办学定位、人才培养目标等,遵循语言教学和学习规律,合理安排相应的教学内容和课时,形成能反映本校特色、动态开放、科学合理的,包括必修课、限定选修课和任意选修课的大学英语课程体系。与基础目标和提高目标相关的通用英语课程为必修课,与发展目标相关的课程为限定选修课。

第三节 大学英语教学模式的现状

一、大学英语传统型教学模式的现状

(一)受应试教育的制约

在"应试教育"思想的长期影响下,人们更加看重考试的选拔功能。学生将大量的时间花在了背语法、词汇,做大量模拟试题上。学生更加看重答案的标准性、唯一性,不愿意诵读课文,忽视了课堂上的讨论和交流,从而在心理上很排斥交际活动，过分依赖教师的讲解，逐渐丧失了思考、质疑、创新的能力。虽然具备了较强的应试技巧，但交际素质很低。

（二）受传统教学方法的制约

在英语教学中，传统教学方法重视向学生传授必要的语言知识，忽略让学生运用所学进行广泛的阅读和其他交际等实践活动。这种模式不仅忽略了教与学之间的关系，而且忽略了英语教学的根本目的是要提高学生的交际能力。

（三）受传统教材选择的制约

大学英语教材在内容选择上重文学、重政论，忽视了现代的实用型内容。教材内容已与现代社会相脱节，教材设置已不能满足现代外语教学的需求。教材只追求"可教性与可学性"，而忽视了实用性，学生从课本上学到的知识没法在社会交际中得到应用，从而渐渐失去对英语的兴趣。

二、大学英语现代型教学模式的现状

（一）英语教学观念有所转变

现代型教学模式以教师为主导、以学生为主体、以就业为导向，并以现代新技术为支撑；现代型教学模式中的英语课程体系、课程设置及课程内容的选取遵循了社会发展的规律，更加科学地反映出大学英语高素质人才的培养目标和培养规格，体现出社会文化、科技的创新发展，这样更加有利于提高大学生的英语学习能力和英语应用能力。

（二）英语教学模式有所创新

现代型教学模式是互动的、开放的和具有实践性的教学模式，能够以动态问题启发学生自主学习，提高学生参与学习的积极性。教师引导学生学习，适应多元化的教学环境，利用现代信息技术与课程整合实现开放式的教学，着重英语实践课程的教授，提高学生的实践能力。

（三）英语教学评价有所完善

在现代型教学模式中，逐渐采用形成性教学评价，提高了大学英语教学效果，使得英语教学活动有据可依。教师设置的评价活动要以学生为中心，比如说在评价内容的制定、评价的操作方法等方面，要求学生参与并给出意见和建议，充分体现学生的主体地位。作为评价以及被评价的主体，如果学生可以参与制定评价的标准，他们就会积极地参与到评价活动之中。另外，教师在实验前应对学生进行合理分组，每组设一名组长，采用组长负责制，小组成员之间互相评价，组长负责定期收集评价结果并交给教师，这样必然会提高学生的参与程度。在学生自评和小组成员互评时，教师只对学生进行引导，扮演的是辅助者的角色，推动评价活动有条不紊地进行。

不论是教师评价、同伴互评还是学生自评都会给学生积极的情感激励，评价内容应提供提高和改进的方法，而不是去呵斥学生，打击学生，特别是对待成绩不理想的学生，不能只看到他们不好的一面，要善于扩大他们的优点，挖掘他们的潜力。学生的努力一旦得到认可，情感需要一旦得到满足，他们就会愿意主动参与教学活动，必将提高教学效果。每个学生都有自己独特的风格，为了满足学生这种个体化需求，教师就要设计多样化的教学活动。所谓多样化，一是评价活动应多样化，兼顾听、说、读、写、译，二是评价手段的多样化。针对学习内容教师可以设计问答、讨论、对话等活动。多样化的活动能让学生感受到英语带来的乐趣，继而积极投入学习。

学习语言的目的就是互动交流。通过教师评价、同伴互评，学生就可以实现师生、生生之间的互动。但是为了真正实现互动的促学作用，教师在评价时应把教、学和评三方面统一起来。比如说在师生互动的过程当中，对班级中一些英语学习能力较强的学生，教师要同时使用批评和鼓励策略，在鼓励其继续努力的同时也要提醒他们不要骄傲自满；对于一些英语学习能力较弱的学生，教师也应以鼓励为主，让学生增强信心。另外，教师要与学生多交流，虚心接受学生提出的意见并及时反思，查漏补缺，不断对形成性评价方式进行优化。

除了多样化，教学评价活动还应设计到位，易于实施，具有可操作性，才能真正发挥评价作用，否则设计的活动再丰富多样，但却无法实施或者实施起来非常困难，也只是纸上谈兵，流于形式。

第四节　大学英语课程改革的必要性

一、社会需求——推动大学英语课程改革

对于高校来说，培养和提高学生的英语综合素质的通识教育类课程目前还不够完善，课程设置的数量和质量都还需进一步补充完善，对通识教育课程的完善

是英语课程设置及英语课程改革亟待解决的问题之一。除综合素质以外，社会对学生的英语语言技能和英语语言知识也十分注重。除此之外，社会还对英语相关知识十分注重，希望这些学生不仅仅精通英语，更能熟练掌握专业相关基础知识。在培养英语人才时，应以目标为导向，着重提高学生的综合素质、英语语言知识以及英语语言技能，增加英语相关课程设置。

（一）社会对学生综合素质能力的需求

课程改革应注重培养学生的综合素质能力。社会对大学生的学习能力、创新能力、沟通交流能力、合作能力以及适应能力等综合素质比较看重，因此在培养英语人才时应结合社会的需求，课程改革既要注重对学生英语语言技能和英语语言知识的培养，而也要注重对学生终身学习能力、创新创造能力、沟通协调能力、合作能力以及适应能力的培养。在学校中，学生学到的知识实际上是有限的，很多学生发现一旦进入工作场合，在学校中学到的知识远远不能满足社会的需求，不能很好地应付社会的要求，因此学生必须具有一定的终身学习的能力，这样才能在未来的社会中应对自如。

（二）社会对英语复合型人才的需求

课程改革应注重学科之间的交叉融合，加强英语特色学科建设。目前，很多企业希望英语人才具有一定的学科交叉能力，既精通英语，又在其他学科有所涉猎，成为真正的英语复合型人才。新时代的大学生要有一定的经管、金融、汉语言文学、计算机等专业的知识或技能，仅仅掌握英语语言知识和技能的单一型人才会面临较大的社会压力。

因此，在大学英语教学过程中，应考虑当今社会的实际需求，同时结合院校的行业特色，发挥院校的办学优势，在英语课程改革时应注重学科之间的交叉融合，协调好文科和其他学科之间的课程类别，强调学科之间的融合。

（三）社会对英语人才的实践需求

现在很多社会企业在求职者简历模块中都有"培训经历""实践经历"一栏，要求学生至少参加过一次相关岗位的培训，有相关专业的实践经历。培训和实践经历的重要性自然不言而喻。因此，大学英语课程改革中，应该按照社会的需求，设置一定的培训课程和实践类课程。

二、教育技术更新——加快大学英语课程改革

当下，要实现大学英语课程的革新发展，就要充分利用信息技术的强大支持作用，信息技术为大学英语课程的改革提供了新思路和新方法。我国英语教育信息化的发展历程将会经历三个阶段：第一，辅助阶段，教师利用一定的信息技术对一般的课堂授课过程中的不足进行简单修正，属于英语教学信息化的最初阶段；第二，整合阶段，即将信息技术作为重要的教学工具融入英语教学过程中，多数情况是利用 PPT、电脑等多媒体技术开展英语课堂教学；第三，深度融合阶段，此时英语教学与信息技术之间实现了无缝对接和隐形渗透，信息技术与英语教学已经实现了全方位的有机融合，无论是资源还是教法与学法，都实现了协调一致共同发展。

信息技术与英语教学的深度融合为解决高校大学英语课堂教学时间被压缩的问题提供了新的路径。利用信息技术带来的便利条件，加快在线课程、教学平台以及移动端英语学习系统的开发，实现英语教学资源的丰富化、英语学习空间的多元化和英语语言应用能力的综合化。借助现代信息技术提供的强有力的支持，高校大学英语教学课堂时间有限、有效语言输出不够和综合应用不足等缺陷会得到显著弥补。信息技术的飞速发展，直接影响了教育信息的呈现、获取方式以及信息获取的途径和体量。对于高校英语教育而言，教学工作的核心要素，如教师、学生、教材、环境之间的交互也必然发生转变。大学英语教学作为一种动态的系统功能，必然受到教学工作核心要素的影响。有效利用信息技术的多元化支持作用，如丰富教学内容、更新教学资源和优化教学环境等，实现信息技术与大学英语教学的深度融合，是时下信息发展新时期大学英语教学工作发展的必然结果。

因此，在新时代的大学英语课程改革中，呼唤信息技术与一线学科教学的全方位深度融合，会成为大学英语课程教学工作深度变革的必然要求。信息技术与大学英语教学课程实现深度融合之后，信息技术已经不再单单是英语教学工作中的一种技术手段，而将会成为改变英语教学内核的革命性技术，推动大学英语课程的变革。

三、教育发展内需——加深大学英语课程改革

（一）课程广度与深度改革的要求

现在高校的英语课程设置中英语相关专业知识课程的广度和深度不够，只是进行了简单的教学，却没有很好地传授英语专业技能。因此，高校要进行英语

课程改革，培养出既掌握英语语言技能和英语语言知识，还具有广博的通识教育基础知识，熟悉其他领域的科学基础知识，能够满足社会发展需要的复合型英语人才。要达到上述要求，就必须增加英语课程的广度和深度，突出英语的优势。

英语课程必须进行改革，使英语课程设置不仅能培养出复合型人才，而且还能培养出高质量的复合型人才。具体来说，在课程设置方面，学生不仅需要学习必修课程，而且还要学习专门用途英语，即某些特定的学科或专业（如计算机、通信、邮电等）的英语语言表达相关知识，还需要学习这个特定学科或专业的一些基础知识或基本概念，只有这样，学生在进行跨学科英语学习时才能更加充分地认识和了解这个学科或专业。如果学校有条件的话，还可以请这些特定专业的教师用英语进行授课，教授与学科或专业相关的一般知识内容和术语。

这种新型的跨学科课程模式将是未来英语教学发展的一个方向。在具体的英语课程改革中，要加强课程的深度与难度，增加技能训练课程，如高级口译、高级笔译等课程，使学生专业技能得到提高，成为专业性人才。同时，还要增加课程的广度，既全面地提高学生的综合素质，使学生不仅仅精通英语，还懂计算机、通信等专业的基础知识，而不是仅仅局限于某一门学科。同时，学习其他学科的基础知识也有利于培养学生的逻辑思维，开拓学生的视野，使学生在遇到问题时能有多种解决问题的方法。通过这种方式培养的英语人才英语能力较强，同时也具有相关学科知识，能更好地满足课程改革的新要求。

（二）大学英语课堂教学的新要求

大学英语作为大学生大学学习期间极为重要的基础课程之一，承担着通过语言来与世界接轨的重担，也是高等教育阶段了解和学习西方文化的重要课程之一。网络和新媒体技术的发展使人们了解到诸多英语知识和西方文化，多样化的知识获取方式也使得学生学习越来越方便，教师的知识权威地位受到了极大的冲击，传统的大学英语课堂教学活动已经越来越难以适应师生的个性化需求，正逐渐失去其原有的优势。在这样的新信息化教育背景下，要使大学英语课堂教学活动变得更加有效、有趣和高效，就迫切地需要对现有的大学英语课堂教学进行深入系统的改革。

当前，大学英语课堂存在的问题主要有如下四个方面：一是学生英语学习目标的功利化。大部分大学生将大学英语的学习简单地归位于应付期末考试和通过大学英语四级或六级考试，能够从提升自我英语素养和中外文化交流技能出发的少之又少。二是大学生缺乏足够的英语学习主动性。受传统教学环境的影响，现有大学英语课堂存在着枯燥无味、让学生疲于应付被动学习的现象，学生主动学习、积极参与的意愿较差。三是大学生英语课堂学习因循守旧。即使有现代信息技术手段的介入，现代的大学英语课堂教学依然缺乏灵活的教学活动。四是大学生英语学习过程参与感差。在传统的大学英语课堂教学过程中，学生总是信息的被动接收者，总是被动地接收教师讲授的各种信息。这种被动的状态与大学生"渴望自由"的内心需求明显是相冲突的。因此，迫切需要在大学英语课堂教学中满足学生的个性化需求，让他们主动参与到教学活动中。尤其是教学环节的游戏设计，能够提高学生参与的积极性与主动性。

第二章　大学英语教学的基本模式

本章分为任务型教学模式、内容型教学模式、多媒体教学模式、交互式教学模式四个部分。

第一节　任务型教学模式

一、任务型教学模式的定义

国外学者威利斯（Willis）认为任务型教学是在语言教学过程中，以设计任务为重点进行规划或教学的方法，并列出了任务型课堂教学的三个步骤：前任务—任务循环流程—语言聚焦。艾利斯（Ellis）提出任务型教学是在"建构意义"基础之上形成的一种教学方式，通过生活中现实交往的需求确立课堂上的语言教学目标，教师编排任务计划并引领学生通过小组协作的形式进行自主学习以实现教学目标，培养其灵活应用语言的能力。纽曼又给出相关定义，认为任务型教学是一种通过完成任务的形式来实现教学目标的授课方法。教师要把任务贯穿于课堂教学，任务是一项课堂作业，教师应根据任务的难易程度，合理设计符合学情的任务型教学模式，要求多人参与，调动学生的积极性，提升学生的语言运用能力。

国内学者鲁子问将任务型教学的英文表达定义为 TBLT（Task-based Language Teaching）。他认为任务型教学是交际语言教学法的一种新发展，而不是它的替代品，其主要内容是帮助学生完成教师设计的任务，让学生在执行任务中体验语言学习。李霞认为任务型教学法是通过任务开展教学活动的教学方法，执行任务时，要利用参与、感知、互动、沟通、协作等多种方式，最大限度上激发学习者本身的认知能力。

结合专家学者的研究，任务型教学模式是教师以任务来组织教学，学生"在做中学，用语言做事"，教师通过引导学生完成任务来进行教学，学生在任务履行的过程中，以参与、体验、互动、合作的学习方式在实践中感知语言的教学方法。

二、任务型教学模式教学实施框架

英国语言学家威利斯的任务设计模式十分经典，被广泛传用，下面对他的任务设计模式进行简要梳理。威利斯根据自己对任务型教学的实验，得出了广为运用的任务型教学实施框架。它有三个主要阶段，即任务前、任务环和语言聚焦。该框架的目的是为语言学习者创造一个真实的语言环境，从而调动学习者的学习兴趣，增加互助协作和多样化交流，从而提升学习者的语言使用流利度和准确度，激发学生自主学习、合作学习的精神。

在任务前阶段，教师通过话题导入等形式引入主题，并用简洁的语言公布完成任务的要求，引导学习者进行学习。在任务环阶段，学生根据教师发布的任务要求来执行任务，分成若干小组共同合作协商，执行任务。完成后，小组可以以口头或书面的形式向全班展示，教师和其他同学聆听，与任务的理想完成效果进行对比分析。在语言聚焦阶段，教师根据学生的任务展示情况，对语言知识进行分析和讲解，对知识进行点拨和纠正。在整个过程中，所有学生都能参与进来，语言被用于真实交际，可理解性增强。贴近生活的任务设计有利于提升学习困难学生的学习兴趣，为实验班任务型词汇教学模式奠定了框架基础。

三、英语任务型教学模式的实施步骤

根据英语教学实际，大学英语任务型教学的基本步骤如下。

①导入。该环节教师可采用让学生听英语歌等形式导入课题，吸引学生的注意力，创设学习英语氛围。

②前任务。该环节教师要呈现学习任务所需的语言知识，介绍任务的要求和实施任务的步骤。

③任务环。该环节教师可设计数个微型任务，构成任务链，让学生尽力运用已学的语言知识，以个人或小组形式完成各项任务。

④后任务。该环节各小组向全班展示任务完成情况，学生自评、小组互评、教师总评。

⑤作业。该环节教师可根据课堂任务内容，让学生以个人或小组形式完成相关项目。

由此可见，任务型教学模式具有一条清晰的脉线，反映出外语教学功能与目标的转变，体现了外语教学从关注教法转变为关注学法，从以教师为中心转变为以学生为中心，从注重语言本身转变为注重语言习得。

第二节　内容型教学模式

一、内容型教学模式概述

（一）内容型教学理论的形成

内容型教学是指在第二语言教学过程中主要关注学习者应当掌握的教学内容，而不是围绕语言知识的讲解，是西方20世纪80年代以来兴起的一个外语教学法流派。它不是一种具体的教学方法，而是一种基于某种主题或某个学科，以内容为核心来组织教学的第二语言教学理念。内容型教学作为一种教学模式，产生于20世纪60年代，确切来讲产生于加拿大蒙特利尔的"沉浸式"实验项目，在此之后该教学模式在西方国家逐渐流行开来。英国政府在1975年提出，学校中的语言教学（英语）应该贯彻整个课程始终，即学生在学习某个特定课程时，要把语言学习也作为学习目标的一部分。这一倡导后来对外语教学的理论与实践也产生了影响。随后几年，英国又发展了特殊用途语言教学，提倡对学生进行ESP教学，即学生学习语言主要是为某个职业或其他学习科目而服务（如导游、警察等），因而使语言教学处于从属地位。

布里顿（Briton）最先阐释了什么是内容型教学，他认为有效的教学是指教师要以文本内容为基础开展教学过程，语言和内容的有机结合帮助教师实现教学目标，促进教学发展。国内外学者都从不同层面对内容型教学的概念进行了界定，为接下来的研究提供了宝贵的理论基础。从总体上来看，内容型教学模式就是一种在教学过程中以内容为纲，将语言和内容结合起来，进一步培养学习者语言技能的教学模式。内容型教学模式的理念正是在上述理论和实践的基础上发展起来的，内容型教学模式实施过程就是学生语言学习和学科知识学习的过程。卡斯帕（Kasper）将内容型教学定义为"以英语为第二语言的学生利用英语来扩展其现有的知识"；同时，戴维斯（Davies）则认为内容型教学以内容为基础，强调对知识的学习而不是对语言的学习。以冯媛的观点作为总结，内容型教学是将目的语作为学习学科知识的媒介，反过来讲，学科内容成为语言学习的内容和来源，因而语言能力的获得是学科内容学习过程中的副产品。

最早将内容型教学的理念引入中国的是王士先，他在文章中介绍了内容型教学的基本概念和原始模式，并对该教学模式在国内英语教学的应用做了可行性分析，拉开了我国学者对内容型教学进行研究的序幕。和其他研究领域相同，对于内容型教学的研究也是从论述相关理论开始的。戴庆宁、吕晔指出，内容型教学课堂鼓励学生从第一节课开始就用语言来进行交流，给学生创造了一种新型的学习语言的思路，也使广大语言教师打开了新思路。每一种教学模式都离不开一定的理论支撑。杨璐嘉认为，内容型教学的理论基础包括克拉申的可理解输入、维果茨基的交互理论、康明斯（Cummins）的语言能力二分法等同。曹贤文则将内容型教学的理论基础分为语言理论和学习理论两个方面，语言理论包括"语言是学习内容的工具""语言运用需要综合的技能"及语言的目的性，学习理论包括"学习者在学习语言过程中期望获得有趣的、有用的信息""教学应建立在学习者已有经验的基础之上"。雷春林认为内容型教学的理论基础主要建立在认知科学和二语习得的研究之上。总的来说，学术界比较认同的看法是语言理论和学习理论。

随着理论论述的深入，更多的学者将关注的焦点转移到内容型教学的具体应用上。在英语教学领域，高璐璐、常俊跃将内容型教学运用到英语专业口译教学中，提出应改善口译专业课程设置，增加一个学期的"译前准备"课程，此阶段运用内容型教学模式，对学生进行一定的主题知识教学。陈蓓从课堂教学和教材编写两方面，讨论了内容型教学模式在英语教学中的应用，她强调真实语料的重要性，同时在课堂教学上她强调内容型教学运用时应包含一系列任务，最后强调对信息的整合和语言的输出。都建颖则将内容型教学模式与学术用途英语教学进行对比，明确了内容型教学、英语授课、双语教育、双语教学之间的区别，认为内容型教学有强式和弱式之分，并总结了内容型教学在中国的发展历史及现状。劳拉（Laura）通过研究发现 TESOL 教师在做教案时，遇到的最大困难不是教学内容，而是语言教学目标的制定，从而探讨了内容型教学模式语言目标的制定方法。比奇洛（Bigelow）发现，无论教师从哪里开始做课程计划（语言或者内容），到最后总体上看，语言形式的范围还是有限的。另外，英语教育界的一些学者对于内容型教学模式也做了一些实证性研究。舒雅琴以广东某高校非英语专业大二学生为研究对象，做了内容型教学的对比实验研究，结果表明内容型教学对学生的英语成绩的提高产生了显著性影响，有效提高了被试者的英语能力。曹佩升以广东某普通本科院校大二学生为研究对象，对内容型教学进行实践，使用柯克帕特里克效果评估四层次模型进行评估，讨论内容型教学的效果，实验结果显示，实验组在英语学习技能、情感和综合能力等方面表现出一定的优势。常俊跃、董海楠从英语专业基础阶段出发，采用定性研究的方式，通过观察和半结构化访谈收集数据，发现内容型教学理念在实施过程中容易出现学生认识、课程内容、口语技能培养、英语词汇、课堂活动、学业评估等六个重要问题，这些问题在初始阶段容易出现，但又不能忽视，提示教师在使用该教学理念时需注意。

（二）内容型教学模式的特点

首先，以学科内容为核心。部分学者强调内容型教学要保证学科教学内容的首要地位，无论是后续课程环节的制定还是教学活动的安排都要始终围绕学科教学内容，语言教学主要是在辅助内容教学上起到关键作用，最终实现语言和内容的有机结合。

其次，使用真实的语言材料。学生获取知识的途径多种多样，但课堂才是最直接的途径，基于内容型教学模式，教师要将学生与生活实际最大限度地结合起来，不断提升学习者的语用能力。

最后，要符合特定群体学生的学习需要。教师在课堂上传授知识和经验的时间是有限的，对学习者学习方法和策略的教学需要依据其当前实际水平，才能引导学习者喜欢上学习，促进其整体学习能力的不断提升。

二、内容型教学模式的分类

内容型教学模式根据不同的教学目标和教学流程，涌现出不同的类型。就像对内容型教学模式下定义一样，不同学者对其有不同的分类方法，被广泛推广的分类，如表2-1所示。

表2-1 内容型教学模式的分类

	主题教学模式	附加教学模式
教学层面	第二语言/外语学习	精通语言和内容
熟练程度	任何语言水平	中高级到高级
教师角色	语言教师	注重内容与语言型教师
注重评价	语言技能和功能	内容和语言技能
适用范围	从小学到大学	大专院校或高等学院

（一）主题教学模式

1. 主题教学模式的概念

主题教学模式最早可以追溯至20世纪50年代，当时美国学校展开了一场教学改革运动，产生了以主题教学为代表的一系列新课程教学模式。在这之后，国内外的学者对主题教学模式展开了研究，并给出了不同的概念。有的学者从课程整合的视角进行定义，如美国学者汉纳（Hanna）于1955年首次对主题教学模式进行了界定，他认为主题教学模式是"聚集于对某一具有社会意义的课题的理解而展开的有目的的学习体验，其中这种课题被视为一个横断各学科且基于儿童个体社会需求的意义整体"。

随后，有的学者从学生中心的视角进行定义，甘伯格和欧雷认为："主题教学模式重视以学生为中心，同时更重视以整体为重点。"此种理论的继续发展对教学领域产生了更加广泛的影响。

有的学者从意义建构的视角进行定义，凯兹（Katz）和查德（Chard）根据多年的教学实践，对主题教学模式有了进一步的理解，他们认为"主题教学模式是儿童以意义建构的方式与世界进行互动的深度探究活动，注重儿童的积极参与"。近些年由于课程标准的提出，我国学者也开始关注主题教学模式，并开展了广泛的研究工作。他们大多从建构主义和多元智能这两方面对主题教学模式的概念进行界定。如顾小清认为主题教学模式是指"在一定的问题情境下，以学生主动建构为活动主线，旨在促进学生多元智能发展的教学活动方式"。

肖平认为"主题教学模式是围绕某一主题，让学生借助各种探究手段以及与主题相关的各类资源，使学生认知发生迁移，提高解决问题的能力等高级思维能力并培养学生主动探究的精神，是整合认知目标、情感目标和技能目标等三类学习目标的有效教学方式"。李祖祥将主题教学模式定义为"主题教学是指在建构主义学习理论和多元智能理论的指导下，通过跨学科的主题探究与活动来发挥学生的主体建构性和主观能动性，从而使学生全面发展的教学活动方式"。

综合以上国内外学者对主题教学模式的定义，主题教学模式的概念可以概括为围绕某一特定主题的材料，对主题所涉及的相关内容或资源进行整合，引导学生从多重视角和多维层面在真实的情境中对语言材料进行探究、发现、理解、整合与内化，进而能够学习、理解、掌握主题的阅读方式。

2. 主题教学模式的特征

主题教学模式与传统教学模式有许多不同之处。许多专家致力于研究主题教学模式的特征。史赛克和利弗总结了三个特点：首先是以内容为中心而不是语言形式和功能成为中心，第二个是提供真实的语言材料和任务，最后是满足学生的需求。珂兰德尔（Crandall）和考夫曼（Kaufman）列出了八个特征，涉及多个目标、真实材料、媒体技巧和其他视角。理查德（Richard）和罗杰斯（Rodgers）也提出"提升学生的英语阅读的效果与能力，主题式教学模式功不可没，同时也更好地体现了学生的语言学习的需求和兴趣"。

总结以上学者的观点，主题教学模式主要有以下四个典型特征。

首先，语言与内容的整合。主题内容的选择应以语言学习为主并考虑到目标学生的能力，这意味着内容需要符合认知水平以及目标学生的语言能力。换句话说，语言和内容在基于主题的模型中同样重要。

其次，使用真实的材料和任务。与其他学科不同的是英语应广泛应用于日常生活，所以，其真实性的特征就会显得尤为重要。主题教学模式的真实性可以体现在两个方面：第一，包括文本和视听材料在内的语言材料需要"真实"，这意味着这些材料应该从以英语为母语的人的日常生活中选择，如杂志、报纸、广播电视等；第二，教学中安排的任务在日常生活中要"真实"，换句话说，任务设置应该与母语者的现实生活中所发生的情况相一致。

再次，强调学习者的兴趣。主题教学模式中的主题主要集中在学生的兴趣上。主题内容可以选择与他们真实生活相关的话题或与他们年龄相仿的孩子所热议的话题，点燃学生对英语阅读的热情与兴趣。主题教学模式更加关注学习者的需求，也相信学生在学习过程中会逐渐探索功能相似的内容。

最后，思维发展。主题教学模式在学生思维发展中的作用不可忽视，内容的研究是不限于字面意义，对内容的探索与理解、整合与建构、评价与判断，使学生基于主题的逻辑性思维、创造性思维都得到了发展。

3. 主题教学模式的实施过程

主题教学模式的实施过程主要分为前期、中期和后期三大部分。

（1）实施前期

这个阶段主要包括教学情境分析与主题的制定。

①主题教学模式有自身的特点，并不一定适合所有学习者，因而在实施前应对教学情境进行全面分析。首先，主题内容需由教师和学生共同商讨确定，教师

在该环节可使用访谈法或调查法，从而了解学生的兴趣点，这就要求学生具备独立思考能力与判断能力，能够明确自己的兴趣点并且清晰地表达出来；其次，教学内容中，语料来自社会生活、文化的方方面面，要想完全理解这些语料学生就要具备一定生活经验与基础学科知识；最后，主题教学模式的实施过程中，需要学生进行大量的讨论、辩论，发表自己的看法，对语料进行挖掘，因而，为达到理想的教学效果，学习者需具备一定的英语能力，不能是零基础。

②主题的制定是整个教学的基础。主题内部需要有层次性和关联性，同时，主题既可以以概念的方式呈现，例如，"环境保护""中国名城及旅游"；还可以以有趣、吸引人的整句方式呈现，例如，"拿什么来拯救你，我的地球""中国这么大，我要去看看"。主题通常由教师和学生共同商讨制定，教师可通过调查法了解学生的兴趣点，确定几个备选题目后，和学生进行讨论最终确定选题。

（2）实施中期

这个阶段主要包括主题活动的布置及合作完成主题，是主题教学的主体阶段。单纯地将真实语料引进语言课堂并不是真正的主题教学，教师需要考虑如何有效地将语料进行整合，如何将语料和语言要素结合，进而提高教学效率。

该阶段要求学生能够进一步搜集信息、整理信息、输出报告新信息。这个过程包括教师的延伸输入、学生的有效输出、学生语言反馈和内容的掌握等环节。要想实现这些内容，在实施教学的过程中，教师就需要引导学生完成一些真实的任务或项目，给学生提供一些可视化协助，包括口头协助、图片注释、英文注释、"语言梯子"等。

活动是主题教学不可缺少的组成部分，课堂活动对于语言知识的展示、操练、运用起着不可忽视的作用。课堂活动既能增强学生的课堂参与度，又能巩固语言知识。根据课堂学习的进度和学生接受能力，这些活动可以是简单的问答、小组合作完成交际任务，也可以是小组合作探究问题。根据学生的学习特点，在该阶段比较有效的课堂活动包括小组讨论、话题辩论、角色扮演等活动。

（3）实施后期

这个阶段主要是总结和应用，包括成果展示和总结知识要点。

首先，以小组为单位进行成果展示，鼓励学生根据自己的偏好以不同方式进行展示，如利用白板或PPT展示，或者小组通过演话剧的方式呈现所学主题，或者以角色扮演的形式展示等。

其次，展示过程中为保证所有学生参与其中，教师可要求其他小组在该小组展示过程中认真听，展示结束每个小组至少提出一个问题，并且进行评价。

最后，教师引领学生从主题内容回归语言知识，组织学生总结反思。教师总结主题内容中所应用的语言点，进行归纳和讲解。该步骤是让学生从"英语内容"回归到"语言知识"，从而达到内容和知识兼顾的目的。

教师既可以利用思维导图，帮助学生对所学主题进行一个宏观的概括，也可以鼓励学生制作自己的思维导图，将所学的知识填充到思维导图内。教师可以首先给出学生思维导图范例，一来可以复习知识点，二来给学生一个范本，学生可根据范例建立自己的思维导图。总之，该环节的主要目的在于帮助学生完善语言知识的认知，以及提高交际能力。

4. 主题教学模式的方法

在主题教学模式传入我国后，不断有研究者对主题教学模式的教学方法、教学步骤，程序进行详细的阐释，具有代表性的是台湾学者黄永和提出的主题式学习设计的基本步骤，包括决定组织中心、发展概念网络、决定学习内容、建立引导性问题、设计教学活动、决定评价方式。李克东教授提出"资源利用—主题探究—合作学习"模式，按照社会调查、确定主题、分组合作、选取材料、产出成果、批判评价、感悟分析等流程进行教学。

1997年，斯托勒（Stoller）和格瑞比（Grabe）在内容型教学主题依托模式的基础上提出了主题教学模式的课程设计六要素，简称6T，6T教学法是整合课堂语言教学与内容教学的有效途径，它内含主题（themes）、话题（topics）、课文（texts）、任务（tasks）、线索（threads）和过渡（transitions）。下面将6T教学法如何组织内容资源和选择适当的系统框架加以说明。

第一，主题是进行教材单元设计的中心思想，也是学生对教材进行建构的依据。因此，应依据学生已有的认知与能力，从兴趣入手进行主题设计。

第二，话题应适当选择，以便最大限度地协调主题，并提供探索语言和内容的机会。

第三，课文是内容材料，既可以是书面材料，也可以是听觉材料，应该遵循一定的选择标准，如学习者的兴趣、他们的语言能力、与其他材料的相关性和连贯性等。

第四，任务是在课堂上进行的与主题相关的活动，主要包括记笔记、解决问题和培养批判性思维。

第五，线索是跨主题的连接内容，以便产生更大的课程连贯性，其功能是循环和复习语言知识和内容，从而从新视角提供整合的机会。

第六，过渡是明确计划的行动，在主题内提供更好的一致性任务。

在6T教学法中，主题是课程组织的中心，选取一些相关的话题与主题建立联系，同时运用各种相关的有趣的文本，设计具体的任务来获取语言知识和内容信息。在整个课程中，线索和过渡被用作辅助链接。6T教学法不像其他教学法以语言教学为中心，而是以学生为中心，通过为学生提供独特的教学理念和有效的教学技巧，使学生对英语学习更感兴趣，更积极地学习英语。

（二）附加教学模式

附加教学模式是指语言教师和学科内容教师同步教授相同的内容，但是他们的教学重点和教学目的不同的教学模式。语言教师的教学重点在于语言知识，完成语言教学目标，而学科内容的教师重点在学科内容的理解上。例如，一个英语教师和一个心理学教师都以心理学为内容进行教学，其中，英语教师将心理学材料作为英语语言课程的内容，其教学目的是提高学生的英语使用能力，而心理学教师的教学目的是完成心理学学科内容的教学。

三、内容型教学模式的优势

（一）提供使用真实语料的机会

学生在整个过程中使用原汁原味的真实语料，为真实的目的进行交流，用真实语料完成真实的任务。真实的语境对于学习一门语言来说是至关重要的，而内容型教学可以将原汁原味的真实语料引进英语课堂，使学生在真实的情境中使用真实的语言完成真实的任务。

对于处于非目的语环境的学生来说，这个过程在他们学习英语的过程中起到了重要作用，摆脱了传统教学模式语言与内容脱离的缺陷。教师给学生提供生动活泼的可视化真实语料，学生得以在真实的情境中锻炼口语、听力等语言技能，这一点对处在非目的语环境的英语学习者来说是一个非常积极的体验，为以后在目的语环境中运用语言打下基础。

（二）满足学生的学习需求

该教学模式可以适应学生具体的学习需求，有利于学生保持学习兴趣，从而增强学习动机。该教学模式实施的初期往往是教师和学生建立友好平等关系的时期。在该时期，教师通过调查或聊天，了解学生的兴趣点所在，从而确定教学周期的主题内容。这个主题内容是由教师和学生反复讨论得到的，因而往往是学生们真正感兴趣的内容。"兴趣是最好的教师"，有了感兴趣的内容，学生往往会保持较高的学习热情，学习动机也就得到了巩固。在教师的引导下，课堂气氛一般也会比较活跃，学生的主观能动性也能更好地调动起来，这对于学习语言来说是至关重要的。

（三）调动学生多学科知识以及生活经验

在主题教学模式中，主题内容永远是教学模式的核心关注点，也是学生英语学习过程中经历体验、任务完成的核心。课堂上，学生需要就教师提供的内容进行交流，包括师生间交流、学生间交流、小组间交流等，这既是学生练习语言的机会，也是学生运用内容的机会。

在这一过程中，任务的认知需求就要求学生调动他们脑中所存在的各科知识、概念、技能和策略，也就是说整个教学是在学生过往知识和经验的基础上实施的，这就加强了学生正在学习的语言知识与先前学生学到的知识之间的联系。各项研究表明，在学生学习过程中，加强各方面的联系，包括各学科之间的联系、理论与实践的联系、新知识与旧知识之间的联系，能增强学习效果和所学知识在脑中的保留时间。例如，以旅游为主题的教学，让学生通过阅读行程单、调查各地的气候和天气、与小组成员互相讨论两个行程单的利弊，从而确定一个旅游目的地。这样比简单地学习生词、语法、课文更能调动学生的认知需求，加强学生脑中各个学科、知识、经验之间的联系，让学生自主地去使用记忆策略和认知策略，从而加强印象，提高英语学习效率。

第三节　多媒体教学模式

一、多媒体教学模式概述

多媒体是一种现代技术，与媒体的区别在于它是由多种媒体复合而成的，是文本、声音、图像等多种媒体形式的总称，即多种信息载体的表现形式和传递方法。我们所说的多媒体实际上就是多媒体技术的简称。在信息技术高度发达的时代，多媒体又被赋予新的活力，全新的多媒体技术可以依托互联网平台进行信息交流与传播。如今手机媒体是所有媒体式中最具普及性、最快捷、最为方便的一种媒体平台，5G时代的到来更是进一步推动了手机媒体的发展，使其在各种媒体中占据主导地位。多媒体偏向于"第五媒体"，即利用移动网络，以手机为视听终端，以手机为平台的个性化即时信息传播载体。

（一）多媒体教学模式

多媒体教学模式是一种教师可以利用网络技术和通信手段将要求传送给学生的教学模式，它可以不受时间和地点限制，让学生进行学习；它更注重以学生为中心，需要学生利用教师提供的学习资料进行自主学习与合作讨论，学会发现问题和总结问题。通过慢镜头回放、细节放大等多媒体技术可将一些抽象难懂的内容变得具体形象，使繁杂的技术动作简洁化，笼统的内容清晰化，从不同的角度向学习者传递技术动作信息，提高课堂效率和学生学习兴趣。更重要的是，它的使用将使教学思想、内容、方式及课堂结构发生巨大变化。

（二）多媒体教学与传统教学的区别

传统教学是在教学过程中，教师作为主导者按照循序渐进的教学原则实施教学，通过言传身教对学生进行动作技能的传授，也就是教师示范讲解动作后学习者模仿练习。教师是整个教学活动中的组织者和领导者，学习者在学习时完全按教师教授的内容和安排进行练习，在教师的指点和纠正中对技术动作进行改正与完善，因此学习者在学习过程中一直处于被动状态。

而多媒体教学则是在教学过程中，按照教学目标的不同以及教学对象的特点，并结合现代教育技术，转变以往教师为主导的学习情况，让学生成为主动学习者，形成合理的教学结构，使教学效果达到最佳。多媒体教学是基于互联网展开的一种教学方法，它有别于传统的以电脑为教学内容传播平台的方法，而是以"第五媒体"为平台传播教学内容，如微信、QQ、微博等（教师可以用电脑将图片、文字、声音、影像等多种元素融合在一起制作适合教学的媒体内容，利用无线终端，如手机、pad等，更为便利地向学生发布教学内容、要求等，同时也可以和学生进行沟通，获取学生学习反馈等）。

二、多媒体教学模式的原则

（一）多媒体原则

所谓的多媒体原则，是指学习由多种媒体方式（文本和图片）呈现的内容，效果要好于学习单媒体方式（文本或图片）呈现的内容，这是由于采用多种媒体方式呈现时，学习者易于形成言语和表象心理模型并在这两种心理模型之间建立联系，而采用单媒体方式呈现内容时，学习者只能形成言语和表象心理模型中的一种。

基于巴德利（Baddeley）的工作记忆模型，工作记忆中的语音环路专门用于加工言语信息，而视空间模板专门用于加工视觉和空间信息，单媒体呈现方式只使用到其中一种，而多媒体呈现方式可以同时使用到语音环路和视空间模板，并在两种信息之间建立联系，充分利用了工作记忆，有利于提高学习效果。

（二）空间接近原则

教学中使用多媒体材料时，相对应的文本和图像临近呈现比分页呈现或隔开呈现更有利于学习者的学习。这是由于当文本和图像临近呈现时，学习者可以很容易搜索到相关信息，既节省了搜索认知资源，也可以很容易地将它们同时存储于工作记忆中。

（三）时间接近原则

在运用多媒体教学时，相对应的文本和图像同时呈现比相继呈现更有利于学习者的学习。这是由于在英语语言学习的同时呈现英语背景材料，学习者更容易在言语和表象之间建立联系。

（四）一致性原则

在使用多媒体材料时，只呈现与学习内容相关的材料，舍弃无关材料，更有利于学习者的学习。这是由于与学习内容无关的材料会争夺有限的工作记忆资源，分散学习者的注意力，干扰学习者的认知加工，误导学习者的思考方向。

（五）通道原则

在英语教学中利用多媒体技术，能调动学习者多通道加工信息的材料（例如动画＋解说），比单通道加工信息的材料（如动画或解说）更有利于学习者的学习。

（六）冗余原则

所谓的冗余原则是指在能清楚说明学习内容的条件下，呈现材料的多媒体方式越少越好。这是由于使用的多媒体方式越多，越容易导致学习者认知超负荷，反而会降低学习者的学习效果。

（七）个体差异原则

使用多媒体呈现学习内容时，需要考虑学习者的知识水平和空间能力。多媒体教学模式对知识水平低的学习者影响更大,对空间能力强的学习者影响更好。这是因为对知识水平高的学习者来说,即使媒体呈现中存在不足他们也能利用自己的知识经验加以补偿,而知识水平低的学习者则由于呈现的信息不足而无法进行有效的信息加工。对于空间能力强的学习者来说,他们使用较少的认知资源便可以储存信息,且具有较强的视觉和言语表征信息的整合能力,而空间能力差的学习者则需耗费较多的认知资源用于储存信息,导致用来整合视觉和言语表征信息的认知资源减少。

(八)静态媒体原则

学习者学习静态媒体(静态图片+文字)形式呈现的材料时,学习效果比学习动态媒体(动画+言语解说)形式呈现的材料的效果更好,这是由于使用静态媒体呈现材料时,学习者的外部认知加工负荷和内部认知加工负荷都较少,因而关联认知加工具有足够的认知资源。

因此,在设计多媒体材料时,应巧妙地结合文本和图像,充分利用多感官通道,将目标任务进行合理拆分,既要使认知负荷减少,防止分散注意力,又要避免信息冗余,充分利用个体差异。

利用多媒体进行学习时,既要合理选择学习内容、合理选择材料呈现方式、恰当选择教学方法与语言,既发学习者的兴趣;又要随机抛出相关问题让学生作答,以检验学习者有效学习的程度,及时给予反馈以强化学习效果,加深学习者对所学内容的理解和记忆程度。

第四节 交互式教学模式

一、交互式教学模式的概念

交互式教学这一概念自出现以来就受到,国内外专家的层层解读,但对于它的概念并未形成统一的说法,加之信息技术和现代教育技术的发展,交互式教学模式的应用范围也在进一步扩大,对它的定义更是"百家争鸣""百花齐放"。尽管学术界对交互式教学模式的解释存在差别,但核心理念却是一致的。交互式教学模式是在教学主体、教学环境之间形成立体的交互关系,然后三者在整个教学过程中相互作用、相互影响,最后形成一个教学有机整体。

交互式教学模式最早由美国的帕林克萨在其1982年的博士论文中提出，该教学模式是一种以建构主义理论为基础，同时吸收了维果茨基关于发展心理学的理论中有价值的论述后形成的教学模式。在课堂教学过程中，教师首先为学生架起"支架"，"支架"是指教师在了解学生现有水平的基础上，为之建构起的"构架"，学生在学习过程中借助这种"构架"能够更好更快地理解所学内容，然后组织、引导学生与自己、学生与学生交相互动。交互式教学模式作为一种新兴的线上教学模式，不再把教师置于教学活动的中心位置，而是把学习者视为课堂教学活动的主要角色，强调以学生为中心，同时发挥教师在教学过程中的主导作用，教师在教学活动中应设法调动课堂参与者的积极性，从而达到更好的教学效果。

综合以上内容，交互式教学模式是以学生为中心，保障学生主体地位，发挥教师主导作用，实现教师与学生、学生与学生的双向交流与互动的教学模式。简言之，交互式教学模式就是以师生、生生互动为桥梁，使现代课堂教学中的教师、学生、教材、媒体、网络几大要素之间进行立体的信息交流和传递的教学模式。

二、交互式教学模式的类型

交互式教学模式强调教学过程中课堂参与者与教学媒介之间的交流互动，使学生在交互中获取语言知识、培养语言技能。交互式教学模式从交互主体、交互内容和实现方式三个角度可以分为不同的类型。

（一）交互主体角度

1. 学习资源—教学平台的交互

教学平台是学习资源得以展示的平台，也是学习资源可视化、可利用化的重要载体。二者的交互使最终的教学行为得以实现，为学习者提供了内容充实、形式多样的学习新形式。

2. 教师—教学平台、学习资源的交互

对于教师来说，教学平台和学习资源是设计交互教学活动的主要依托。教师与二者的交互主要体现在教师搜集、整合和运用学习资源，并将这些资源有选择性地通过教学平台展现出来，向学习者传递知识、技巧等。

3. 学生—教学平台、学习资源的交互

对于学生来说，教学平台和学习资源是自身获得知识、训练口语技能的主要渠道，而二者也为学生提供了不同层级、不同形式的交互活动。

4. 教师—学生的交互

师生交互是交互教学模式中很重要的一种方式。与传统课堂相比，交互式教学模式中，师生交互主要是通过学习资源和教学平台的各项功能实现的。

5. 学生—学生的交互

与面对面进行生生互动不同的是，网络条件下的生生互动通过建立在线讨论分组、学习论坛、网上学习社区等方式实现。在这些互动活动中，学习者不光要依靠自己的能力，更重要的是寻找交互同伴，共同协商、合作完成交互活动。

6. 学生的自我交互

这种交互方式是建立在与学习资源、教学平台、教师和其他学习者等之上的一种深层次交互。自我交互的核心在于学习者本身对知识的自我构建、自我提高以及自我反思的过程。

（二）交互内容角度

根据交互的内容进行分类，可分为教学交互与情感交互两个部分。教学交互行为不外乎上述基于主体的六种交互，而情感交互就隐藏在其中，且是最容易忽视的那一部分。由于交互教学不仅容易使师生产生时空距离，而且还容易产生心理距离和精神距离，所以，基于交互式教学模式的教学提倡关注教学过程中的情感交互。在交互活动中，借助动态、立体的多媒体教学资源以及教学平台的个性化功能，为学习者营造团体学习氛围，加强师生、生生之间的情感体验，让师生在交流过程中，找到学习的乐趣和归属感。教师在设计口语交互活动时，要将"共情"意识和理念运用到其中，主动拉近与学生的距离，促使学生更好地学习，以达到更为理想的教学效果。

（三）实现方式角度

基于实现方向角度的交互活动类型主要包括操作式交互、反思式交互、建构式交互和浸入式交互。

1. 操作式交互

学生与教师进行互动交流，在教师的指导下选择某一部分作为将要学习的内容。在具体学习实践中学生可以根据自己的需要查找学习资料、播放教师提供的相关音频、视频等，也可以通过线上教学平台和教师互动交流，寻求教师的指导和帮助。操作式交互以学生为中心，充分发挥其自主性，有利于提高课堂教学效率。

2. 反思式交互

学生学习一定知识后要在消化理解的基础上进行反思和总结，可以在教师指导下进行，也可以在与其他学生的交流互动中汲取经验、检查所学内容，进行再加工。例如，通过反思式交互进行练习、注释等。

3. 建构式交互

学生基于已完成的学习任务，主动对头脑中存储的学习资源进行再加工，在此过程中可以与其他学生交流自己的学习成果，也可以相互查询信息、下载和上传学习资源等。教师对学生进行测试后，要按成绩进行排序，并与学生交流互动做出点评。

4. 浸入式交互

学习者在教师营造的学习情境中实现自身知识的迁移。学生在参与的时候浸入特定的情境中，从而完成认知过程。

三、交互式教学模式的理论基础

关于交互式教学模式的理论基础，学者们有着各种各样的观点。王皓指出语言输出假说、语言输入假说、人本主义理论是交互式教学模式的基础。王凯欣将建构主义理论、互动假说和多媒体学习认知理论作为交互式教学模式的理论基础。马旭在王凯欣的观点的基础上增加了语言教学交互理论和人本主义学习理论。刘安琪觉得交互式教学模式有两个理论基础，即基于心理学的建构主义理论和基于哲学的主体间性理论。刘雯指出心理学学习理论、建构主义理论、二语习得理论、克拉申的输入假说和互动教学理论是交互式教学模式的理论基础。

（一）建构主义学习理论

瑞士儿童心理学家皮亚杰提出的建构主义认为，"学生是信息加工的主体，是意义的主动建构者，而不是外界刺激的被动接受者和被灌输的对象"。建构主义强调以学习者为中心，学习者在学习中发挥积极的认知主体作用，同时也对教师的指导作用做出了肯定。学习的社会互动性本身就将交互合作看作学习过程中重要的环节，让学生在教师引导下进行交流合作和判断思考，达到知识与技能、过程与方法的内化，最终形成自己的知识建构。因此，在语言教学过程中，建构主义学习理论的四个关键因素分别是学习者、教师、任务和环境，它们四者相互作用，相互影响。

交互式教学模式正是以建构主义学习理论为蓝本，将教师和学生置于平等的地位，使教师成为学生学习的向导，而非讲台上的"指挥家"和"完美智者"。教师借助教学资源和教学媒体，通过有效的教学设计和积极引导，使学生在交流、合作、互助的过程中发现知识、感悟知识并最终获得知识，使之成为自己学习的建构者而不是获取者。这种"交互"与"建构"是不可分离的关系。建构主义理论的合理性与思想的先进性对交互式教学模式有着重要的指导作用和启发作用，在实践中也为交互式教学模式的具体操作和运用提供了有效支撑，在教学实践的开展中发挥了重要的作用。

（二）人本主义学习理论

以马斯洛和罗杰斯为代表的人本主义心理学于20世纪60年代在美国兴起。无意义学习和有意义学习是美国心理学家罗杰斯对于学习的两大分类。其中有意义学习是以学习者为中心，学习者充分调动自身的逻辑与直觉、理智与情感、概念与经验、观念与意义进行学习的方式和状态。按照这种方式组织教学活动，更有助于促进学生自由全面的发展。人本主义学习理论尊重学生的人格需要，注重发展自身潜能最终实现自我；教学内容上自由选择学习内容，重视学生的直接经验；教学过程中重视意义学习，提倡自由探索。

人本主义学习理论充分体现了教育培养人的本质，而交互式教学模式突出强调了学习者在学习中的作用，这一点与人本主义学习理论是契合的。基于这一点，可以认为人本主义学习理论是交互式教学模式的理论基础。在交互式教学过程中，以学生为出发点，在学生认知的基础上，使学生进行有意义的学习和探索，而不是机械地接受和获得。在这一过程中，教师充分尊重学生，使学生感到学习的乐趣所在，最终自主地参与到学习中，发挥学习者的主体作用，注重对学习者学习能力的培养。

（三）语言教学交互理论

语言教学中的交互理论是以"互动假说"为基础的。"互动假说"作为交互理论的初期形态，特别强调了意义协商在语言学习中的重要性。意义协商实质上是交际双方或几方在交互的过程中不断协商对意义的不同理解，而交互的过程就体现了对方的理解和看法，使学习者可以在意义理解和生成的基础上主动学习。另外语言教学交互理论认为交互性的教学不仅可以提高学习者对输入内容的理解程度，还可以使师生建立良好的关系，促进教学中的各个方面的相互配合。

北京师范大学远程教育中心陈丽博士认为："教学交互是一种发生在学生和学习环境之间的事件，它包括学生和教师、学生和学生之间以及学生和各种物化的资源之间的相互交流和相互作用。"由此可见，语言教学交互理论是交互式教学模式最直接的理论支撑和指引，它能行之有效地夯实该种教学模式的发展基础。

综上所述，不难看出，交互式教学模式有着坚实的理论基础，它的出现和兴起是有根可寻，有据可依的。如果我们能更好地理解这些理论基础，更透彻地剖析和掌握这种教学模式，就能更好地指导我们的实际教学。

四、交互式教学模式的原则

交互式教学强调教师是学生的帮助者、协作者，在教学交互的过程中，需要两个或多个因素一起参与、协调并合作来完成交互活动或交互任务。

（一）教师控制与自主控制相结合的原则

交互式教学模式强调学生是语言学习的主体，是知识建构的主体。教师要努力脱掉"全能控制者"的外套，把课堂还给学生，成为学生的指导者、协助者、管理者等。教师要避免"满堂灌"，让学生拥有自主学习、独立学习的机会。

学生应该在特定的学习环境、交互活动中，在教师帮助的情况下自主规划学习、参与学习以及获得知识，而不是在教师的"追赶"下被迫进行学习。在交互式课堂中，尤其是网络直播的学习环境下，学生要尽可能把握住一切学习资源，利用网络的交互，充分调动自己的学习积极性，主动参与课堂活动，实现多维交互，并且这种交互是积极的、主动的，同时也是快乐的。

交互式教学模式强调以学生为中心，教师设法调动课堂参与者、教学资源以及教学平台之间的交流互动，激发学生学习的兴趣与积极性，培养学生自主学习的意识。在教学互动过程中要将教师控制、在有教师指导下的学习者自主控制、学习者自主控制结合起来。在学习者学习之前教师对其进行指导、点拨，这是教师控制的表现之一，另外还体现在具体学习过程中对学习时间、学习步骤、练习、测试等的要求。

在教师指导下的学习者自主控制可以帮助学生发现适合自己的语言知识学习方法。不同的教学对象其学习水平、学习习惯等也存在差异，教学内容、教学目标发生变化时对学生的要求也在改变，因此要给学习者一些自主选择的权利，同时教师也要根据学生对所学知识的掌握情况做出合理化的评价，给予其准确、及时的反馈，调动学生学习的积极性和创造性，激发其学习的兴趣。

创造公平、平等、和谐的教学氛围是所有教学工作者的目标和追求，交互式教学模式对这一点更是有所强调。学生主体地位的确立，以及自主性的发挥，使教师和学生在"教—学"的天平上呈现出相对平衡的状态。平等的师生关系更加有利于促进学生的学习，提高学生学习的兴趣。

（二）知识传授与技能训练相结合的原则

英语教学的目标是在学生掌握相关知识，拥有一定言语技能的基础上引导其进行交际，从而培养学生正确使用语言进行交际的能力，因此教学不仅包括对知识的讲解，而且还需要对语言技能进行训练。学习者可以通过教师的讲授获得客观知识，而技能的掌握则需要训练，线上教学同样应该遵循"精讲多练"的原则。

基于交互式教学模式进行线上教学交互活动设计时也应该涉及讲和练两个方面，交流互动不仅可以促进学生对知识的理解，而且也可以为学生的技能训练服务。尤其是在初级阶段，学生学习的主要是记忆性和程序性的知识，通过设计反思式交互活动，结合刺激反应的方法能帮助学生掌握知识。总之，要将知识传授与技能训练相结合，在二者的相互促进中达到更好的学习效果。

（三）提供语言材料与创设训练环境相结合的原则

第二语言学习过程中，学习者需要接触丰富的语言材料。基于交互式教学模式，可以利用现代化技术手段为学生提供丰富多样的教学资源，如图片、动画、音频、视频等。这种直观的教学手段可以加深他们对学习内容的印象，提高其学习的积极性，教师也可以把这些教学资源应用到学生的语言技能训练中，促进其听、说、读、写技能的提高。

当然在提供大量语言材料的同时也要注意对其进行整合，避免大量资源的简单堆砌，合理地整合有利于学习者的检索和使用。除了语言材料，语言环境对语言习得的效果也有很大的影响。基于交互式教学模式的交互活动设计也可利用现代化技术手段为学生创设语言训练环境，在真实的交际情境中进行语言的操练，利用图片、视频、音频等教学资源丰富训练类型，提高学生关注度的同时也激发了其学习的兴趣。基于交互式教学模式，将提供语言材料与创设训练环境相结合是提高英语教学效果的有效手段。

（四）交互数量与交互质量相结合的原则

基于交互式教学模式的线上教学借助网络和现代化技术手段可以在教学过程中为学生提供大量的交互活动，但是交互活动数量增多的同时也要注意交互的质量。在设计线上教学交互活动时，首先要符合英语教学的普遍规律，其次要注意教学对象的特征和学生学习阶段的特征，在此基础上还要体现一定的教学方法和模式。要想提高教学效率，进行有价值、有意义的交互就必须在确保交互质量的基础上来增加交互的数量，因此交互式教学模式要兼顾交互的数量与交互的质量，使其保持在相对平衡的状态。

第三章 大学英语词汇教学模式构建与课程改革

词汇是语言的重要组成部分之一，作为英语教学基础的词汇教学能够加强学生对词汇的理解和记忆效果，提升自主学习能力，提高词汇学习效果，因此要积极构建大学英语词汇教学模式，以提高大学英语词汇教学的效果。本章分为大学英语词汇课程教学现状，大学英语词汇教学模式构建，大学英语词汇课程教学改革三个部分。

第一节 大学英语词汇课程教学现状

一、词汇与词汇能力

大学英语词汇教学的意义就在于丰富学生的词汇量，促使学生掌握并运用词汇，提高学生的词汇能力。所以，让学生了解词汇以及词汇能力的本质具有重要意义。

（一）词汇

词汇的定义是探索词汇教学的关键，以下将介绍几种有代表性的定义。

国外学者纽托尔（Nuttal）认为在语言学与教育学的研究中对词汇的个体单位通常有两种认识：一种是仅将单词作为个体单位，一种是将单词与词块作为个体单位。杰克逊（Jackson）和安维拉（Amvela）认为，词可以有三种不同的定义：第一种定义认为，词是指文段中两个相邻空格之间的字符串；第二种定义认为，词应该是思维中不可分割的最小单位；第三种定义是一种完全基于语言形式的标准描述，由著名语言学家布卢姆菲尔德（Bloomfield）提出，他认为，词是一种可以独立在句子中存在的最小自由单位，它本身具有意义，但它不能再被分割成更小的既能独立存在又有意义的成分。

国内学者葛本仪在讨论"什么是词"这一问题时指出：我们不能孤立静止地看一个成分是不是词，只能确定词是造句的最小单位，想要从实践中证明存在一定的难度。汪榕培指出词是不可分割的结构单位，由一个或几个词素构成，通常在短语结构中出现。胡壮麟给出了词的三种定义：第一种定义，词是被应用于两个停顿或空格之间的"音符串或字符串"；第二种定义，词是一组形式的共核；第三种定义，词是介于词素和词组之间的语法单位。

结合前人研究，本书作者认为，词汇应该包含四个方面的含义：①语言中的最小独立单位；②一个语音单位；③一个意义单位；④在句子中有独立的功能。

这个概念包含了"词"的语音、意义、语法等方面，可以综述为：词是语言的一个最小自由单位，有特定的语音、意义和句法功能。

（二）词汇能力

词汇学习指的是培养和提高词汇能力。作为语言综合能力的基础和语言交际能力的重要组成部分，词汇能力一直都是诸多学者研究的重点。

理查德（Richard）认为，词汇能力不仅指懂得词汇的含义，还包括许多其他的内容，如同义词之间的区别、词的基本意义、由一个词派生出来的其他词、词与词典中的其他词条的联系、相同的句法作用以及在不同情境下的使用范围等。概括而言，词汇能力不仅包括懂得词汇，而且还包括词的应用能力。

马可尼（Marconi）认为，词汇能力是关于语言词汇的深层知识，可将其看作人类认知能力的一部分，包含指称能力和推理能力两个方面。指称能力是指能够实现词汇与客观世界存在物之间正确映射的能力。推理能力指的是能够形成词汇与词汇之间的网络关系，并据此实现语义推理和解释，根据定义提出词汇信息，同时找出同义词的能力。

可以看出，词汇能力具有不同的维度。关于词汇能力维度的描述，最早可追溯至克龙巴赫（Cronbach）的五维度说，即概括能力、应用能力、知识广度、精确能力和检索能力。其中，概括能力是指定义单词的能力，应用能力指的是识别一个单词适用的语境的能力，知识广度指的是能够掌握单词的多种含义，精确能力是指在不同的情形下均能正确使用单词而且能够识别单词使用不当的能力，检索能力指的是在思考以及会话中提取单词的能力。米拉（Meara）从总体描述角度提出了词汇能力发展的两个维度，即词汇量和词汇组织，之后又增加了自动化这一维度。里德（Read）从测试的角度来研究词汇能力，认为词汇能力包含词汇量和词汇知识深度两个方面。卡特（Carter）和理查兹（Richards）对词汇能力进行了概括,具体包含以下几个方面:掌握一定量的词汇;了解构词法;知道多义词所表达的多种含义;懂得词所包含的深层意义;能够明确区分同义词、近义词;了解词的搭配;清楚词的造句能力;能够掌握单词的使用频率和使用场合;明白词在语篇中的相互联系,也就是词的连贯性。

二、国内外词汇教学研究现状

(一)国外研究现状

起初人们对词汇教学并不重视,对它也缺乏足够的认识。由于以前语言学领域仅有机械语言学得到较好的发展,人们在学习词汇知识过程中只能使用机械语言学中的早期语言翻译法,这种处理方式是单一的、机械的,大多数语言学习者只能通过单一的、机械的背诵方式来进行词汇学习。古因(Gouin)从自身德语学习的经历出发研究语言学习方法,并认为语言学习不应该只通过机械地背诵单词这种方式进行学习,而是应该从语句和日常用法开始,通过把单词放在句子中学习来赋予单词相应的语境义。他的这种想法给词汇教学指明了一条新的道路,即语言学习不应该只是孤立地背诵单词。然而他的观点过于强调句子和用法的学习从而把词汇学习放在一个次要地位,忽视了词汇学习的重要性。

二十世纪三十年代,在语言学领域兴起了一场名为"词汇限量运动"的研究热潮。"词汇限量"指的是在外语学习的准备阶段,把所要学习的词汇罗列成有限的词汇表来进行词汇教学。在这一时期,奥格登(Ogden)和理查兹(Richards)列出了一个基本英语词汇表,而韦斯特(West)和帕尔默(Palmer)绘制出一种通用词汇表,这两种词汇表几乎是同时提出的。到了二十世纪四十年代,弗里斯(Fries)指出学习者在学习一门新语言的过程中首先学习的并不是这门语言的词汇知识,而是该语言的发音体系及语法知识,学习者仅需学习句法结构所要求掌握的基本词汇。二十世纪六十年代兴起了"乔姆斯基革命",美国语言学家乔姆斯基出版了名为《句法结构》的书籍,他将语言学中的语言行为的研究转换成语言能力的研究,并提出了转换生产语言学这一概念。自此,语言学的研究中心从原来的语言行为转向语言能力。转换语言学的兴起又巩固了"词汇限量"这一观点,"词汇限量"的观点让人们觉得词汇是不规则的,只能通过死记硬背的方式来进行词汇学习,因此对于大多数学习者而言,词汇学习是非常困难的。

直到二十世纪七十年代，学者们才开始意识到词汇学习在语言学习中的重要性。威尔金斯（Wilkins）指出人们在缺乏语法知识的情况下能表达的内容可能会很少，但是在缺乏词汇知识的情况下人们什么也表达不出来。威尔金斯的观点揭示了语义问题是语言学习中一个至关重要的问题，让人们意识到词汇学习在语言学习中的重要意义，这也是他对词汇教学的重要贡献。威尔金斯的观点为后续词汇教学研究指明了一个新的方向。特沃德尔（Twaddell）认为词汇教学不仅是依据单词使用频率等标准来选取出学习者需要学习的词汇的问题，而且也是按照学习者自身的学习需求来筛选出应该学习的词汇知识的问题。特沃德尔首次把词汇学习当作一种技能，对于词汇的学习可以慢慢地抛开词典，在遇到没学过的生词的情况下学习者可以根据生词所在文章中上下文的语境来猜测出生词的意思。这给词汇教学注入了新鲜的血液。劳德强调可以通过学习母语的词汇习得的经验对第二语言的词汇学习进行研究，尤其是第二语言中的词义习得这方面的问题。劳德的观点首次将第二语言学习与母语学习相结合，是词汇教学史上一个重要的里程碑。时至七十年代中期，众多的语言学学者已经将词汇研究的重点转移至词汇语义结构的研究中，并提出了一些关于词语搭配方面的问题。这为词汇教学的研究提供了更多的研究方案，尤其是查理德向人们提出了一个"词汇学习应该学些什么"这样一个关键性的问题，通过对这一问题的研究引出"词语能力"这样一个术语。查理德通过描述词语能力来深刻地展现出词汇学习的本质要求。七十年代末期，在语言教学的研究中词汇教学的地位不断提高，语义学的研究把词汇搭配和语义关系融入语言学习的教材中，从而把学习者推至语言教学研究的中心。上述的研究成果为八十年代词汇教学的繁荣发展打下了坚实的基础。

二十世纪八十年代以来，对词汇教学方面的研究逐步走向繁荣。布劳恩（Braun）通过多年的词汇教学研究总结出关于词汇学习的八CQ，其内容是consultation（查字典）、cards（随身携带生词卡片）、collocation（词汇搭配）、chusters（词汇群集）、clines（梯度词汇，例如never/somtimes/ofen/usually/always）、cloze procedures（填充测试）、creativity（学习者的创造性，例如外文写作）、context（词汇所在语境）和question（通过语境猜测单词的语境意）。布劳恩提出的八CQ涵盖了词汇教学的主要内容以及一些词汇学习的基本技巧。词汇教学方面另外一位重要的学者马虎，认为教师在授课过程中如果不对词汇进行深入区分和分析，而是采用逐个单词释义的单一词汇教学方式让学习者对词汇表中的单词不分主次地逐一猜测，势必会对词汇教学的学习效果产生消极的影响。于是马虎更加深入地研究了词汇的猜测技巧，并通过分析学习者对词汇需求来重新划分教学中所要学习的生词。马虎的研究成果深刻地反映出学习者对词汇教学的需求，这为后来词汇教学的发展指明了新的方向。在马虎研究的基础上，沃雷斯给出了一些灵活的、具体的词汇教学方法。例如，采用直观的教学工具（图片、模拟情境表演等）对学习者的词汇教学进行辅助，通过语境和情景结合的方式对词汇进行详细的讲解，激励学习者进行词汇猜测训练，在词汇教学的过程中勉励学习者积极地运用自身所学知识等。这些方法均与学习者的自我操纵能力和个体特点趋于一致。艾伦（Allen）意识到一种语言的产生与这个社会的文化因素密切相关，在词汇教学的过程中融入社会文化因素可以加深学习者对词汇的理解，因此艾伦强调营造词汇的实用性意识对词汇教学的重要性。弗里斯认为词汇并不是词汇教学中最为重要的，学习者才是词汇教学的主体。尽管教师可以把词汇知识灌输给学生，但是最终还是要学生自己去学习词汇并运用所学的词汇知识，所以在大学英语词汇教学中应该做到"授人以鱼不如授人以渔"。弗里斯指明了词汇教学的最根本目标是教会学生如何学习词汇知识以及如何运用所学的词汇知识，教师应该通过词汇教学过程提高学生的自学能力，这进一步把学习者放在了词汇教学的中心位置。

2001年，在《第二语言词汇习得》这本书的基础上，哈克金（Huckin）研究了词汇教学相关问题的解决方法，并指出很多学习者并没有掌握根据单词所在语境来猜测单词的语境义这一技巧，这也是导致学习者英语水平难以提高的重要因素。布罗姆利（Bromley）和凯伦（Karen）指出学习者可以通过新旧单词的联系来加深对词汇的记忆。安德鲁（Andrew）和凯瑟琳（Catherine）提议学习者应该对课文和词汇进行重复性的训练，这种看似不必要的训练方式有助于学习者内化知识并不断扩充自身的词汇知识储备。格雷夫斯（Graves）从客观因素方面研究英语教学，并提倡教师在给学生灌输足够的词汇量的同时也要为学生营造出一个切实的语言交流环境，不仅如此，在外语课程材料教授的过程中应多注重学生对词汇扩充意识的培养。加斯（Gass）和塞林格（Selinker）指出学习者在学习外语的过程中产生的错误大多集中在词汇方面，他们认为在外语表达的过程中语法错误一般不会影响交流过程的流畅性和信息交互的正确性，而词汇的错误很可能阻碍交流过程。

巴特林克（Batterink）等人就慢波睡眠对词汇学习的影响进行研究，研究结果指出在快速睡眠和快速眼动的循环中进行词汇学习所得到的学习效果最佳。坂田（Sakata）就教材中的词汇频率与语料库中的词汇频率有所不同进行了深入研究，其研究结果表明在教材中很少出现的词汇对学习者的英语水平有显著的促进作用，并且这些词汇区分了词汇量相近但熟练程度不同的学习者。宝达尔特（Boddaert）等人探讨了学习方法对二语词汇整合的影响，结果表明母语单词和二语单词参与了两种语言共同的词汇竞争过程，说明了学习方法在词汇学习中的作用。

由此可以看出，国外的词汇教学大多出自"语言教学"这一整体范围，里维斯（Lewis）认为词汇教学应该作为语言教学的中心而存在，具体表现在听、说、读、写四个方面。对于听说过程中词汇教学的方法，艾哈迈德·马斯莱（Ahmed Masrai）在130名以英语为母语的人中，研究了听觉词汇知识、书面词汇知识和工作记忆能力对听力的影响。结果表明，听觉词汇知识是听力理解的最强影响因子，其次是工作记忆能力，而书面词汇知识的影响很小，论述了听觉词汇知识对于教学实践的影响力。对于口语表达，内原拓美（Takumi Uchihara）和乔恩·克伦顿（Jon Clenton）研究了接受量词汇大小能在多大程度上影响第二语言的口语能力。46名具有二语高级水平的国际学生完成了接受性词汇测试任务和口语任务。结果表明，词汇量大的学习者在口语交流时不一定使用复杂的单词。仔细研究数据可以发现词汇知识和口语之间存在复杂的关系，为今后词汇和口语的研究提供了重要的支撑。对于阅读教学，学者们也进行了对比研究，比较对象为第一语言学习者和二语学习者，对两者进行了相同进度的词汇知识传授，包括词汇语音知识和形态意识知识，通过阅读试题来检测学习效果。在单语中，学习者可以通过语音直接预测英语阅读中的单词的意思。在双语中，语音和形态意识知识对英语阅读能力的提升起到间接作用。对于学生在写作过程中使用词汇的情况，也有学者从语言的词汇方面入手，揭示了词汇和搭配对写作的影响。研究者进行了实验组和对照组比较研究，主要探讨在写作前对词汇进行教授是否会对写作成绩产生影响。结果发现实验组的学生比使用传统方法的对照组的学生更成功。统计分析表明，两组学生的前测词汇和搭配差异显著，证明写作前进行词汇教学十分必要。

综上所述，词汇涉及英语教学的根基，许多研究者都结合案例和数据得出了非常具体的研究结果。国外学者在听、说、读、写方面的实证研究，为今后语言教学中的词汇教学和词汇学习都提供了重要的理论和实践指导。研究表明，学生对词汇的拼写、搭配和运用能力，都直接影响着各项语言技能的综合发展，词汇的重要性不言而喻。

（二）国内研究现状

与国外词汇教学相比，国内词汇教学起步较晚，它是从校园英语课程的设立开始的。在一开始的英语教学中，英语教师都是采用传统的语法翻译法来进行词汇教学。那时的英语教材中的课文大多是节选或改编过的文学作品，英语教师主要是通过讲解新单词的释义及用法、分析英语语句的语法结构来进行英语授课。由于在当时的上课过程中英语教师经常通过汉语来翻译英语词汇，学生们对英语单词的发音反应较慢，口语能力也相对较弱。

二十世纪六十年代，受到国外语言学中听说法的启示，句型教学成为国内英语教学的重点，这促进了国内英语教学的发展，然而在此时国内的英语教学中词汇教学仍然处在一个相对次要的位置。在当时，英语教师通过替换的方式来引入和讲解新单词，其目的是通过这种练习方式来操练所学的英语句型。在这一点上与国外当时的教学法相一致。

自二十世纪七十年代国外交际法的流行开始，国内也开始尝试通过交际法进行英语教育，其英语教学的目的是培养学生的英语表达能力。在当时，对于词汇的教学仍然停滞在课上对单词的拼写进行检查、课后对单词进行背诵这样的阶段。在西方的语言学理论的影响下，国内的学者并没有重视词汇教学在英语教学中的地位，并且缺乏针对词汇教学的有效方法，这一现象一直持续到九十年代。自二十世纪九十年代起，国内的语言学家开始重视词汇教学在英语教学中的作用，国内英语教学的研究展现出一个新的面貌。国内教育界意识到词汇教学的重要性，并针对英语词汇教学进行了深入的、广泛的研究。

国内学者对词汇教学研究的热度不减，其中也有人提出了将一些现代化的教学方法应用到英语词汇教学中。毕银燕强调随着国际化交流的发展，跨文化语用学的运用在词汇学习中的重要性越发显现，并提倡教师在词汇教学活动中融入跨文化语用学的文化意识来提高学习者的理解能力和语用能力，从而达到更加灵活、有效的交际目的。娄惠茹提议教师在进行英语教学的过程中可以借鉴一些相应的语言理论基础，这种方式可以有效地改善英语词汇教学过程中的教学质量。柴玉提倡把翻转课堂应用到大学生英语词汇教学设计中，通过课前在线学生自主性学习、课上学习与互动以及课后线上巩固应用的三种方式来激发学生对英语词汇学习的学习兴趣，并有效地把所学的词汇知识进行内化。徐丽娜和刘金辉提倡把思维导图应用到大学学习者的英语词汇教学中，在拓展教学方法和进一步强化词汇教学改革的同时，思维导图的引入还可以对大学生英语学习的自主性进行培养以及提升英语教学的效果。刘丽梅就"如何提高学生们英语词汇学习的积极性和学习兴趣"展开了研究，并提议英语教师应给学生提供更多的关于英语学习的渠道和资源，以便学生可以在课外时间通过这些渠道发现自己的兴趣点，从而培养学生英语学习的积极性以及自学能力。

国内研究者们在听、说、读、写环境下也进行了具体的实证研究。赵勇研究了词汇知识对于听力理解的作用。研究表明，学者的听力能力受词汇广度和深度的影响：词汇的广度有利于扩充听力的认知范围，词汇的深度有利于促进听力的理解输入。姚笑寒在听力课上注重讲解词汇，认为词汇是提高听力技能的基础，有利于提高听力成绩，并且采用定性和定量相结合的研究方法，根据调查问卷、访谈和实验最终得出相应结论。刘鸣在口语课堂实验研究上发现，学生的口语表达水平与学生的词汇量关系密切，大部分学生对于高级词汇的了解非常有限。董明英提出在进行阅读前—阅读中—阅读后的英语教学进程中，教师都要注重对学生的词汇训练。郝思强对初中英语词汇教学现状进行了分析，结果表明，随着词汇量的增大、词汇难度的提升，意志力薄弱的学生便会逐渐对词汇学习力不从心，在使用中不断犯错。这种情况出现的原因与学生和教师都有关系，学生自制力差，教师方法不得当，都会让学生面临词汇学习不扎实的问题。金洁雯指出词汇是写作教学的根本，高频词汇和低频词汇的搭配使用有助于改善英语写作的总体水平，教师要注意难易度区分。李亚亭强调了在英语写作中连接词汇的重要性，对高低分的学生作文进行对比研究，研究发现，高分学生作文中连接词汇的使用频度要优于低分学生。

综上所述，国内研究者们对词汇出现在不同的教学环境下的关注度也得到重点提升。就词汇学习现状而言，学生的学习方法和策略不佳，词汇运用能力薄弱，词汇量的大小制约着大学生英语学习的总体水平。就英语教学而言，新颖的词汇渗透模式、多维度的词汇知识讲解以及丰富的词汇教学活动十分必要，传统的词汇教学方法存在诸多问题，有待改革。

三、大学英语词汇课程教学中存在的问题

语音教学要示范，语法教学要讲解，但是英语词汇都有中文解释，学生可以

自己查字典，自行理解、背诵和记忆，因此，与语音教学和语法教学相比，词汇教学比较容易进行。但是，仍有不少学生听不懂、记不牢单词，无论是在听力测试题、阅读题中，还是在情境对话题、写作题中，学生往往因为词汇障碍而听不明白、读不明白、说不出来、写不出来，从而对英语词汇学习失去了信心，甚至产生恐惧心理。这种现象的出现，主要是因为我国的英语词汇课堂教学中还存在着以下几种问题。

（一）教师重解释而轻语境

很多教师在给学生讲解新词汇时，只告诉学生这个单词某一方面的汉语意思，没有根据语境进行扩展，导致学生只知道教师解释的意思，而不知道一个单词根据上下文的变化可以有多种含义。这个时候，学生就产生了困惑，诸如此类的情况还有很多。因此，教师在讲解单词时不能脱离句子，需要根据语境具体讲解。

（二）缩减词汇学习的时间

在教学中，教师虽然也重视词汇，但是重视程度依然不够。教师往往是在每个单元的第一课用20分钟左右的时间讲一下本单元的新词，时间更多地放在了语法、阅读、写作等分值大的考试内容上，殊不知词汇是其他一切语言学习的基础。教师的不重视必然会影响学生，会导致学生也忽视词汇的学习，使词汇失去了在英语学习中应有的重要地位，必然会对以后的语言学习产生不利的影响。而且即使是教师上课时讲到的新词，学生也只是机械记忆，往往是课上刚记过课下又忘了，所导致的直接结果就是学生的词汇量严重不足，阅读不顺，写作时即使有思路也不会表达，落实不到笔头上。

（三）教师词汇教学策略单一

目前，大学英语词汇课程教学中，教师在讲授新词时，采取的依然是传统的教学方法：先带读发音，然后解释意思，再通过例句进行强化，最后开始讲解课文。这种一成不变的填鸭式教学，枯燥无味，自主操练较少，学生仅靠机械记忆，一方面记忆困难，另一方面也不可能真正掌握词汇的用法。加上目前教师检验词汇的方法也比较传统，一般是听写或默写，对于缺乏自主性又不重视英语学习的学生而言，他们不可能通过检验，学生学习词汇的兴趣和积极性都会受到打击。

第二节　大学英语词汇教学模式构建

一、多模态词汇教学模式

（一）概念界定

1. 多模态的定义

多模态是指"在象征性的产品或事件中使用几种符号模式"。从广义上讲，模态是一种符号系统，它除了传统的语言符号外，还包括图像、色彩、音乐等符号系统，在这种背景下人类的交际不再是传统意义上通过一种感官进行的交际，而是通过多种感觉器官进行的交际，将语言符号、图像符号、声音符号和动作符号进行组合可以传达更多的信息，极大地提高人们的交际能力。

随着现代社会的飞速发展，网络信息技术变得更加发达，各个国家之间的学术交流也变得越来越频繁，这些方面的变化对于教学特别是外语教学来说具有非常重要的意义，有不少研究学者尝试将多模态与外语教学结合并取得了良好的效果。一些人将多模态教学法应用到英语词汇教学中，从而探讨多模态教学法对英语词汇教学的影响。

2. 词汇教学

英国语言学家威尔金斯（Wilkins）认为，没有词汇和语法，人们几乎无法通过语言传递和表达信息。里维斯（Lewis）提出了词汇块理论，明确了词汇法的概念，认为人们在使用语言进行交流的时候使用的是预先设计好的词汇块，包括习语、词汇搭配、短语等。束定芳指出，在进行词汇教学的时候不能对所有的词汇使用同一种教学方法，应该根据不同的教学目的、教学特点对词汇教学进行划分，针对不同性质、不同用法的词汇采取不同的教学方法。

3. 多模态教学模式

多模态教学方法是指通过多种教学渠道调动学生视觉、听觉、触觉、动作等多种感觉器官协同工作，在所创设的真实的学习环境中激发学生多重联想，增加学生学习兴趣，提高学生学习效率。将多模态教学法应用于英语词汇教学中可以在一定程度上克服传统单一的教学方法所造成的英语词汇教学的弊端。多模态教学模式并不是一成不变的固定模式，需要结合具体的教学主题、教学内容选择适合的多模态教学模式。

（二）多模态教学模式实施步骤

有学者根据教学内容和教学目标设计了一套多模态教学的模式并将它应用在具体的词汇教学中。

第一步，在上课之前教师要对讲解的单词按照词性进行分类，运用头脑风暴法引入文章主题。

第二步，向学生展示这节课的目标单词，根据上课前教师的分类采取不同的模态对学生进行讲授。不同的单词有不同的词义、词性、词汇搭配，需要借助不同的方式、不同的模态符号去向学生展现这些单词的具体用法。比如说 professor、skyscraper、alphabet 等名词类单词可以借助图片的形式去展现，通过调动学生的视觉，学生可以直观、清晰地将图片和单词联系起来，加深学生记忆。而动词，如 beat、attack、sing、stare at、blow away、pick up 等，如果仅仅依靠图片则不能很好地展示这个单词的具体用法，可以借助动画、动作等形式在动态的情境中进行展示，例如教师在讲解 pick up 的时候，可以从地上捡起一本书向学生展示 pick up "捡起"这个意思，也可以通过动画播放一段车接车送的视频向学生展示 pick up "开车去接"这个含义，这样既激发了学生的兴趣，也提高了学习的效率。形容词词组如 be anxious about、be curious of、be proud of 等词需要建构一个真实的语境，可以让学生进行角色扮演来体验这个词汇的具体意义，也可以运用动画、图片或者播放一段歌曲来展示或者根据图片运用词汇固定搭配进行造句，这些教学方法充分调动了学生听觉、视觉、动作等多种感官。在学习一些副词的时候，比如 closely 和 widely，这两个单词都是原型 +ly 的形式，可以制作一个思维导图借助图片来进行归类展示，同时也可以借助图片把 closely 和 widely 的反义词展示出来，如果采用传统教学方式，那么在展示多种类型的词汇变形用法的时候会非常烦琐，费时费力。在词汇运用方面可以让学生摘抄有关该词汇的优美句子或者按照课本主题内容，让学生在识记该句子的基础上进行角色扮演，教师也可播放一段包含该单词的英文句子让学生进行单词填空，在此过程中需要注意的一点是不仅师生之间需要进行眼神交流、肢体语言动作之类的互动，学生和学生之间也要进行互动，比如小组讨论、同学之间相互采访。

第三步，教师就所学单词进行归纳总结，如通过 PPT 展示相关单词的习题、小组成员相互提问等。

（三）多模态教学模式在大学英语词汇教学中的应用研究

1. 国外的应用

随着网络媒体信息技术的发展，除语言符号以外的其他社会符号资源也逐渐被人们研究，非语言符号与语言符号相结合共同建构语篇的整体意义，促进了教学特别是外语教学的发展。

多模态外语教学需要多种模态综合运用，是一个新兴的研究，距今只有二十多年的历史。新伦敦小组（New London Group）首次提出了将多模态话语分析理论与外语教学相结合。新伦敦小组将模态资源划分为很多类型，包括语言、视觉、听觉、动作和空间模态，每种模态有各自的组成成分，把这几种模态同外语教学结合起来，旨在提高学生的多元读写能力和培养多模态意义。克雷斯（Kress）等从社会符号学层面对图像再现、交互与构图进行了广泛的研究，在具体的实践情境中探讨了人物、情境、地点、表情、动作是如何通过语言进行信息传递和意义构建的。斯坦（Stein）在多模态话语分析理论的基础上进一步研究了多模态课程的设计和应用方面的原则，他认为几乎所有的课堂活动都涉及多种模态。罗伊斯（Royce）认为在同一个语篇中不同符号资源之间是一种互补关系，并且不同符号资源在外语课堂教学中还可以相互协调推动教学的发展，他以图片和语言结合的形式阐述了多模态在课堂中的具体应用，并据此提出了多模态教学法。杰维特（Jewitt）提出了教师在教学过程中要把交互式白板和多模态结合使用，进而探讨了多媒体技术在外语教学中的应用，除此之外，他指出教学者应该合理使用多模态资源进行教学，否则教学效果将会适得其反。拜尔德瑞（Baldry）和塞伯特（Thibault）详细介绍了多种多模态教学方法，包括图片展示法、图文组合法、音像结合法、绘图法等，外语教学在多媒体网络的辅助下变得更加生动形象。米尔斯（Mills）通过观察法和访谈法对教学模式进行实验研究，设计了多模态教学的具体方案。多模态外语教学领域的相关理论和研究虽然相对来说较少，但是在短短二十几年内构建出了比较系统和完整的理论体系和研究方法，为今后的教学实践提供了借鉴。

2. 国内的应用

虽然国内多模态理论在外语教学中的应用研究的开始时间较晚，但是短期内也涌现出不少研究成果。

孔亚楠第一次尝试将多模态话语分析理论与二语词汇教学相结合，以经典诗歌为例重点研究了图片（视觉模态）在外语教学中的应用。孔亚楠认为图像作为多模态视觉符号之一可以帮助教师向学生提供更加完整、清晰、生动的课本知识的表述，促使学生通过联想加深对词汇的记忆。同时教师应该避免过度使用图片导致学生注意力分散，要寻找恰当的时机向学生展示图片。

张德禄以系统功能语言学理论和多模态话语分析理论为知识框架，通过比较两个大学的教学案例，探讨说明了多种模态之间（听觉、视觉、动作等模态）是如何相互协调配合促进英语教学的，同时指出教师要学会转换课堂角色，在教学过程中要强化模态互补，创设真实的课堂情境提高教学效率，让学生在轻松愉悦的学习环境中学习。张德禄在对多媒体学习和多模态学习进行概念区分的基础上，创造性地构建了多模态话语分析综合框架，分析了模态和模态之间的异同，探讨了不同模态在外语教学应用中的协同关系，对外语课堂教学进行了设计构思，并且根据多模态话语分析理论结合具体的教学目标提出了外语教学中的多模态选择框架。

程如璋对同一所高校两个不同专业的学生进行了多模态词汇教学和非多模态词汇教学实验（两个班级英文水平相当），多模态教学过程中使用了动画视频、声音音乐、网络英语新闻等模态。实验发现采用多模态教学的班级每一次单元测验的成绩都要高于非多模态教学的班级，结合问卷调查、访谈结果发现采用多模态教学班级的学生普遍认可多模态教学模式，学生们认为多模态教学能够提高他们学习英语词汇的热情和信心。

柳艳宾认为在英语词汇教学中运用多模态教学方法，比如在课堂播放英语电影可以使学生们更加了解欧美文化风俗，激发学生学习英语的兴趣，在课堂采用多模态 PPT 教学可以提高课堂教学效率，给学生多重感官体验。

金艳妮在对不同年龄阶段的教师采用不同模态教学的结果进行研究之后发现，在教学中将听觉模态、视觉模态综合运用到大学英语词汇教学中能调动学生学习积极性，显著提高学生英语词汇的学习水平。

陈治云、肖芳英探讨了视觉模态和听觉模态在大学英语词汇教学中的应用。他们认为教师在进行大学英语词汇讲解时将图片、图像加入 PPT 的制作中能吸引学生注意力，从而创造情境式教学模式。

另外，在大学英语听力教学中教师使用听觉模态和视觉模态相结合的方式可以在很大程度上提高学生英语听说水平。赵彦芳认为多模态词汇呈现方式（静态图片、动态视频）会对不同英语水平的学生词汇学习产生不同的影响。赵彦芳指出，在对某大学两个不同班级英语水平相当的学生进行多模态词汇教学之后，中、高水平学生的英语词汇学习能力得到了进一步的提升，而低水平的学生词汇学习能力没有显著提高。原因在于低水平的学生基础较差，自我效能感较低，而中高水平的学习者相对来说更容易接受多模态词汇教学方法，转变学习态度和观念，从而使英语词汇的学习水平提高。赵高月在上海某高校将多模态教学方法应用于大一词汇教学课堂中，针对大学英语多模态词汇教学进行了实证研究。研究者在多模态教学过程中使用了英语歌曲、英文原声电影、多模态 PPT 等多种模态进行词汇教学，结果发现实验班的学生在经过多模态词汇教学之后平均成绩要高于对照班的学生，从而证实了多模英语词汇教学模式比传统教学模式更有利于学生英语词汇的学习。

根据上述研究可以发现，中西方不同学派的学者对多模态教学法在外语词汇中的应用都非常重视，相关的研究也取得了长足的进步。多模态教学法与多学科融合的趋势愈加明显，研究方法也越发多样，在不久的未来多模态教学法或将会被更多的学校采用。

二、输出驱动教学模式

（一）核心概念界定

事实上，如果把输出驱动假设应用到词汇教学中，就可以称之为输出驱动教学模式。在语言输出活动的驱动下，大学英语词汇教学以输出问题为出发点和驱动力，提高学生的学习兴趣并且开拓学生的思路。把语言输入作为前提和基础，语言输出作为实施手段和最终目标，同时在反馈活动的帮助下，最终提高学生的语言输出能力和语言综合运用能力。

该模式的教学功能主要集中在通过明确输出的目标，激发学生的学习兴趣，启发学生自主探究的意识，将课堂转变为以学生为中心。提升输入和输出质量的关键是从学生自身出发，积极开展合作学习，提高学生在课堂输出任务中的参与度和积极性，提高学生进行自主探究学习的主观能动性，使他们在完成任务的过程中不断掌握知识、提升能力，增强语言输出能力和语言综合应用能力。

（二）输出驱动教学模式的理论基础

1.Swain 的可理解性输出假说

在克拉申（Krashen）提出可理解性输入理论之后，斯温（Swain）于 1985 年提出可理解性输出（Comprehensible output）假设理论。通过对加拿大法语沉浸式教学的研究发现，尽管学校大多数的教学科目都要求用法语进行教学，学生因此接收了大量理解性输入，但是学生在以说和写为代表的输出技能上的表现却远远不如听、读等输入技能。因此，他提出，虽然语言输入对于习得语言来说很重要，但是仅仅强调输入，并不能精准地习得语言，所以语言输出应在语言习得中和输入处于同等重要的地位。

他曾提出语言输出具有三种功能：第一，触发功能。当语言学习者进行语言输入时，首先需要关注语义信息，进而会相对忽略语言结构信息。而当语言学习者需要在下一阶段进行语言输出时，他们往往要寻找符合语言表达逻辑的语言结构来表现内心所想。因此，当语言学习者有意识留意语言结构时，就会自然而然地暴露出自己认知上的"表达空白"，从而激发学习者去解决遇到的问题。第二，检验假设功能。语言的输出可以看作一个由多次检验中介语开始，修正，检验，再修正，再检验的循环往复上升的动态过程。经过无数次的检验、修正，学习者完成了常见语料的不断累积，语言输出水平得到提升。第三，意识反省功能。在一定的情况下，学习者会有意识地主动进行修正反省，及时寻找发现语言表达的不足，以便实现对语言输出的监控和将语言结构内化进语言认知系统的可理解输出，语言学习者语言表达能力的提高需要一定程度上正确地使用语言，利用说和写的语言输出手段，从而检验习得语言结构和语法句式，内化语言知识，最终达到习得语言的目标。他还强调，学习者如果产生了语言输出的需要，会主动在脑中搜寻已经掌握的知识，尽可能精准地表达自己的思想，此过程中学习者保持着积极主动的态度，促进了知识更好地输入，学习效率也得到了提升。

2. 输出驱动假设

我国学者文秋芳关于"输出驱动"假设的阐述主要包括以下几点。

①分析学生的输出心理机制。文秋芳提出：针对外语学习来说，语言输出比语言输入所产生的驱动力更大。学习过程中若没有语言输出的参与，进行再多的语言输入，也会影响习得的效率。输出既是习得语言的驱动力同时也是语言习得的最终目标。只有经过语言输出使语言学习者主动认识到自身语言知识体系存在不足，他才会有意识地进行弥补。具体来说，就是学习者认识到完成语言产出任务的前提和基础就是要有选择性地学习与任务密切相关的输入材料，从而获取有针对性的帮助。

②通过分析社会、职场中外语使用功能，发展说和写等语言输出技能更符合社会发展对人才的需要。因此，在实际的课堂教学中，学校和教师应把发展

以听和读等为代表的语言输入能力作为隐性目标,将说和写等语言输出能力的培养作为显性目标,并且因材施教,针对学习者的个别差异对某种能力的培养有所侧重。

该假设着重发展输出技能,强调学习者进行目标语的输出任务时,需将输入语料中与输出任务密切相关的语言知识筛选出来,使"输入"和"输出"实现有机结合,将听说读写译融为一体,最终使语言输入能力和语言输出能力均衡发展。

（三）输出驱动教学模式的国外相关研究

斯温和克拉申在"可理解性输入"假说的基础上提出了"可理解性输出"假说,认为在第二语言习得过程中,仅仅进行输入是不足的,要实现二语习得的目标,可理解性输出语言必不可少。此过程会迫使学习者发现语言表达上不妥当不合适的地方,对语言假设进行验证,对语言表达形式进行反思,对表达上的错误进行修正,以提升语言能力。

哈默（Harmer）在1983年提出课堂活动可分为输入活动和输出活动,20世纪90年代,艾利斯（Ellis）从显性和隐性知识的角度对以互动为主和以教学为主的课堂进行了区分,为二语习得构建了理论上的框架。斯基汉（Skehan）认为语言输出能锻炼表达能力、形成自己的话语风格并建立表达的自信。什哈德哈（Shehadeh）指出研究输出理论应着重探讨其对语言学习者二语水平发展的影响,即从修正输出内容和验证输出假设两个维度出发开展研究工作。

针对教学实践,斯温等利用对比研究得出了结论:同伴间开展互动学习有利于在更加真实丰富的语言环境下进行语言习得。斯温还提出设计协作性学习任务有利于促使学生注意自身言语输出准确性,认为同伴间开展互动合作、共同参与有利于有效解决语言困难,提高交际能力。此外,他们还指出真实语境下的交际任务有利于促使学习者在进行意义构建的基础上注意语言表达形式上的精准度。

（四）输出驱动教学模式的国内相关研究

当前国内关于输出驱动教学模式应用于大学英语写作教学方面的研究主要可以从以下几个层面进行分析:对该教学模式概念理解和重要性的研究、对其应用于英语词汇教学的积极作用的研究以及具体应用过程中对设计教学步骤和环节的研究。

从对模式概念理解和重要性的研究来看,自2000年后输出理论在国内得到了广泛的研究。此类研究一部分着重对国外输出理论的研究成果进行了介绍，以此探寻其对我国英语教学的理论指导意义，也有一部分是对输出理论和输入理论进行了比较。文秋芳提出，作为习得语言动力存在的输出，同时也是语言习得的目标；语言输出在提高学习者外语水平上起到的驱动作用比输入要大得多。如果学习外语时没有进行语言的输出，输入得再多再好也对有效掌握一门语言没有多大帮助，也会大大影响语言习得的效率。杨鲁新指出，输出驱动不仅可以提高输入的吸收率，而且还可以提高学生对习得知识的利用率。程显冰认为在语言习得的过程中，学习者对语言的"生产"不容忽视，要想流畅准确地表达语言，不仅需要可理解性地输入，更需要可理解性地输出。王华、王笃勤认为输出能让学习者产生习得语言的动力，促使语言输入转化成程序性知识，没有输出活动的参与，再高质量的语言输入都会大大影响语言习得的效率。

从模式具体应用过程中对设计教学步骤和环节的研究来看，王哲希、王同顺、程显冰认为教师应为学生创造良好的输入和输出环境，激发学生的输出意识。此外，于媛提出教师设计教学活动时应当由浅到深、由简到难、层层递进，发挥辅助者的指导作用，解决学生在输出活动中遇到的问题和困难，鼓励学生开展同伴合作，为实现有效的输出提供良好的"支架"。郑鑫、毕银燕、张广颖等认为教师应尽可能设计多种多样的输出任务，比如演讲、辩论、表演等说的任务和改写、仿写、续写等写的任务。

综上所述，经过对国内外相关文献的梳理可知，从国外来看，有的学者强调了输入和输出在语言教学中的作用，有的学者又将前人的输入理论作为基础提出了可理解性输入的概念，但却弱化了输出在实际语言课堂教学中的作用。到了21世纪初，重视输出在语言学习中的地位标志着将研究重点由输入向输出转变，他们提倡重视语言习得过程中学习者的语言输出，但并未就如何更好地进行输出活动提出具体的教学建议。从国内来看，20世纪90年代以来我国众多学者开始重视语言输出，提出输入和输出二者相互统一，不可分割。语言的习得不仅需要可理解性输入的存在，更需要可理解性输出的参与。只有在真实、有意义的交际环境下将二者相结合，才能真正锻炼学生思维，提高用外语交际的能力，最终促进外语教学水平的提升。

（五）输出驱动教学模式在大学英语词汇教学中的运用

1. 转变大学英语词汇教学的理念

大学英语教师在广泛应用输出驱动教学模式之前应该充分调查现阶段大学

英语词汇教学所面临的困境,并以此为基础制定相对应的解决方案。大学英语教师还需要定期通过教学知识宣传讲座等方式逐步向学生渗透输出驱动教学的相关理念与优势,让学生逐渐意识到大学英语词汇教学课堂运用输出驱动的重要性。只有大学生从心理上接受输出驱动授课模式,教师才可以高效开展大学英语词汇教学。

2. 优化大学英语词汇教学输入模式

教师要根据班级学生的学习特点与专业特点进行针对性词汇讲解,所讲解的英语词汇必须适当地引用一些教学案例且教学案例必须是经典且有依据可以查询的,还要注重词汇输出手段的多样化。

3. 加强大学英语词汇输出训练

将英语词汇语言的输出与英语教学的听、说、读、翻译进行结合,在英语听说读写几方面开展相互穿插教学;大学英语词汇教学课堂的输出训练需要教师根据课堂教学内容制定详细周密的教学计划,制定与实际生活与学习密切相关的任务导向型教学训练;需要将词汇教学与英语语音、英语语法相互融合,逐步带动学生英语其他方面技能的提升;教师要将词汇输出有效拓展到课堂之外,逐渐拓宽学生的学习视野。

第三节　大学英语词汇课程教学改革

一、大学英语词汇课程教学的内容策略

(一)提高词汇语境意识

词汇是承载语言所传递的信息的最小的单位。不同的语言不仅能够保存和传递相应的文化信息,更能反映该文化背景的特点和象征。词汇作为语言的一部分,也从词形、词意等各个方面反映该语言的文化特点。因此,语言教学工作者在词汇教学的过程中应该将词汇与该语言的文化习俗背景相结合,通过这种方式帮助学习者更好地理解和接受所学的语言的环境和文化。

语言的功能就是保留传递信息,具有交际作用,学习和掌握语言就是为了帮助不同文化的人更好地进行语言交流,因此应该尽量培养学生在日常真实生活和情境中运用语言的能力。大学英语词汇教学应遵循实际运用与操作原则,教学者

应有意识地为学习者提供实际锻炼与操作的机会。在训练前先对所学词汇的含义、搭配、使用方法和使用范围进行教学,在掌握基本知识后,一定要注意教学方法,有意识地为学习者创设真实场景和情景,在真实或模拟交际情景中,结合词汇、语音、语法等各项要素,帮助学习者构建系统的语音体系。在学习和积累词汇的同时,提高口语表达与交流能力。

(二)注意词汇音形义教学的结合

大学英语词汇教学中另一个十分重要的部分是语音,即发音。帮助学习者掌握正确的发音可以帮助他们事半功倍地掌握词汇的拼写,提高学生口语交际能力。教学者应教授国际音标,沉浸式地学习地道标准的发音,帮助学习者克服母语的影响。在记忆单词时,切忌死记硬背,应该帮助学生利用拼读法,掌握拼读方法和发音原则,这是语音教学的核心,能改变学习者需要借助母语来记忆英语发音的不良习惯和被动的学习地位。施米特(Schmit)提出的单词发音策略是十分有效的词汇记忆策略,是帮助学习者掌握发音、记忆词汇的有效方法之一,也启发了学生的学习方式,帮助学生养成了良好的学习习惯和学习策略,产生学习正向迁移,为高效准确地记忆和背诵单词奠定了基础,增强了教授与学习双方的信心。

语音是语言最基础的三要素之一,语音的准确掌握与运用可以帮助学习者高效地学习词汇。尽管对于英语学习者来说,语音的掌握并不简单,但是语音的学习还是有其内在深刻的规律的。根据语言学家的研究,绝大部分英语单词的外在形式与其发音规则是具有内在统一的规律的。英语是拼音文字,这就决定了它的拼写与发音之间存在拼读规律,一般来说,在大学英语词汇的学习过程中,只要掌握词汇的发音,就可以尝试拼写出词汇,并且往往是准确的。这对于学习者来说是一举两得的好方法。如果不够重视或者忽视了语音学习对于词汇记忆的帮助,那么记忆单词的方法就不够有效,学习词汇也会更难。

教学者在开展教学的过程中应该对各个部分都加以重视,无论是发音、拼写还是词背后所表达的含义都是需要重视的。任何一个部分的缺漏都会导致整体的误差。传统的大学英语词汇教学往往是以单个单词的发音来开展的,忽视了整体语言表达的准确性。在整体的语言规则上没有给予足够的关注。词形不仅包括了单词的拼写规则,而且还有各种变化的形式,如人称代词、比较级与最高级及各种时态的形式。除了发音和拼写规律之外,学生还需掌握单词的分类。绝大部分的单词可以归为两种或以上的分类。因此在识记单词的时候一定要一并识记单词的属类。越是常见的单词越是容易具有衍生意义。不同的含义适用的场合也要随之变化，因此在学习词汇的时候一定首先识记基本意义再拓展其他常见的用法。

二、大学英语词汇课程教学的方法策略

①翻译法。教师直接将要教授的新单词的含义告知学生，比较便捷快速，在讲授较难较生僻的单词时可以运用此种教学方法，帮助学生掌握新词，利用前摄的心理学规律帮助学生留下深刻的记忆。

②实物法。在教学过程中利用直观的教学工具，直接呈现与所学知识相关的实物，充分引起学生的注意和兴趣。在教学过程中，教学环境里的很多事物是可以直接用作道具的，例如教学场地中的设备如 blackboard、desk、chair，学习设备如 book、pencil box、cup 等。这些比较常见的物品可以让学生产生亲切感从而愿意积极地参与进来。

③图示法。教师可以简单地勾画出要教授的新单词的大致图形或图表，这样可以把单词的内部逻辑关系给展示出来。例如，在讲授与蔬菜相关的新词汇时可以展示 vegetables：tomato、potato 等。这样揭示单词间的关联可以让学生更全面系统地掌握新单词，帮助学生轻松愉快地记忆新词汇。

④定义法。解释含义如：The earth is round。解释原因如：Flowers can grow up because of sunlight。解释顺序如：Wednesday comes after Tuesday。

⑤动作演示法。教师可以直观形象地展示 smile、drink 等简单日常的动作。在教学过程中能调动学生的热情与积极性，充分调动学生的各个感官共同参与学习过程，利用听觉、动觉等帮助学习者加深印象，从而理解单词加深记忆。

⑥猜谜法。将一些简单的词汇的含义编成谜语的题面，再给予一些提示，鼓励学生踊跃猜测单词含义，在这个过程中既能提高学生英文的词汇理解能力，并且生动有趣，能充分调动学生的热情。

⑦故事法。将小故事作为导入的工具，激发学生的学习热情。在词汇教学过程中也可以将新讲授的单词串联成故事，这样不仅方便记忆，更能教会学生如何正确运用单词，也可以让学生自行编故事，灵活运用新知识。

⑧旧新单词的相关性。在学习和接触新单词时一定要注意单词间的相关性，从已经掌握的单词中引申出新的单词，帮助学习者更好地有系统地掌握新单词。利用同义词 beautiful/pretty，clever/smart，good/wonderful 等；利用反义词 tall/short，big/small，fat/thin 等；利用词缀 happy/happiness，sign/signal；利用合成词，学习了 brain（头脑）和 storm（风暴）之后，可以推出单词 brainstorm（头脑风暴），

类似这样的合成词还有许多，如 weekday，newspaper，hardworking 等。这些单词可以迅速扩充学习者的词汇量。

⑨情景教学。教师可以根据教学内容创设教学情境，在真实的或者创设出来的情境中做到学以致用，在实际锻炼中掌握词汇的使用规则与方法，不断打磨。这种教学方法比传统的教师讲述的灌输式教学方法要活泼有趣得多，能够发挥学生的主动性与主体意识，调动学习气氛。

总之，教学者应该运用丰富多样的教学方法，不再单一地使用传统的教学方式进行教学，充分调动学习者的各项感官去认识并学习单词，运用科学的教学方法帮助学习者轻松高效地掌握单词。

三、大学英语词汇课程教学的评价策略

在对大学英语词汇课程教学进行形成性评价时，有四种不同的形成性评价方式：教师评价、同伴互评、自我评价以及建立词汇学习档案袋。结合当前英语词汇教学的实际情况和一线英语教师的建议，根据所在学校的教学进度，进行词汇前测，记录成绩并存档。进行常规词汇教学，即：教师先领读单词，接着讲解单词的用法，然后要求学生课后抄单词、记单词、背课文，最后教师通过听写的方式检查学生单词记忆情况。在常规教学的基础上，采用教师评价、同伴互评、自我评价、建立词汇学习档案袋等形成性评价方法，对学生学业进行全方位跟踪评价。

（一）教师评价

教师是课堂教学活动的组织者和引导者。在日常教学活动中，教师灵活地运用形成性评价，需要以学生们的课堂学习表现、课堂讨论情况、对话表演情况等为切入点，对学习态度、参与意识、学习方法等进行细致的观察，做好记录，以确保课堂评价的公平性。这种做法，一方面可以调动全班情绪，让同学们精力更集中，另一方面可以使被鼓励的学生增加自信，更加努力学习。如果学生回答错误，我们也应该鼓励他，相信他下次能够回答好。

以 success 和 sale 为例，教师要求学生分别列出这个单词的"家庭成员"，如 succeed、successful、successfully 和 sales、salesman、saleswoman、salesperson，通过一个词根教师引导学生说出与之相关的一系列词汇，如此一来，既能引起学生注意，活跃课堂气氛，又让学生在原有新的词汇的基础上学到了它的扩充词，这种关联的方法既有利于词汇的记忆，又帮助学生实现了词汇量的增

加。教师还可以不定期地开展学习小组之间的竞赛活动,给出家庭成员最多的一组为胜。这样的活动可以极大地调动学生参与课堂教学活动的积极性,引导他们把之前已经学过的词在脑海里抽出来,充分挖掘他们的潜能。在这个过程当中,教师要注意观察学生的反应,他们是否在积极思考、是否想要回答问题、注意力是否集中、学生是否能够自己举手回答问题或者能否正确回答问题,以便对学生们的课堂学习效果进行客观的评价。这就要求教师观察要细致入微,并及时做好记录。学生进行小组讨论时,教师要走进小组,观察学生的参与情况,并给予学生们提示。这些方面通过量化表来体现,量化表由授课教师随堂携带。

一开始学生并不重视教师在课堂上对他们的评估,还是会出现注意力不集中、开小差、不积极回答问题等各种情况,教师可采用新的方法和手段,使学生慢慢适应教学实验的新举措。具体措施包括:①抓典型、促发展,发挥榜样的力量。教师通过不断鼓励和表扬认真听讲、积极回答问题和记笔记好的学生,发挥这些学生的带动作用,先进带后进,使班级养成良好的学习风气。②细化课堂要求,具体到每个学生每堂课举手的次数、回答问题的次数,教师在课下提前安排好班长做好详细记录,所得分数在课堂进行公布,使学生重视起来,慢慢地投入课堂中来。

(二)同伴互评

大学生也很注重自己在同学间的影响,因此同伴的评价影响很大,这是由他们的个性发展特征所决定的。同时,学生是一个与同学紧密相连的群体。在英语课堂教学中,教师要掌握学生这种个性发展的特征,采用"同伴互评"的方法,指导学生进行自我评估。

可以对学生进行分组,各小组成员是进行同伴评价的主体。首先,同伴评价应用到对单词的掌握上。每个单元的复习阶段都会有单词听写测试,听写结束之后教师要求学生小组成员之间互相批改,找到错误的单词,并且给出正确的单词拼写。另外,每个单元结束,教师会让学生写下他们新学到的单词,并传达给团队的同伴,要求同伴给出单词的含义。这样可以让学生自己了解是否掌握了这个单词,能够认识到自己的错误,并且进行改正。其次,同伴评价应用于学生口语的表达和提高上。我们更关注学生口语表达时词汇的运用情况,如做情景对话、讲英文短故事、应用所学单词看图说话等。这些任务要求分组完成,然后学生之间开展互评活动,就词汇的运用方面进行同伴反馈。在这样的评价模式中,一方面可以对学生身上的合作意识进行强化,让其明白协作的意义所在。另一方面,学生在对其他同学进行评价时,就会联想到自己出现的错误,从而提高自身的英语水平。最后是写作练习。传统写作中，教师往往是学生写作的唯一评阅人。与传统写作不同的是，教师在进行写作教学时，要求学生在写作完成后首先交给小组同伴进行评阅。因为我们进行的是词汇教学研究，所以教师制定的评价标准应重点放在学生写作时的词汇运用情况上，如词汇应用是否正确、词汇表达是否合理等。然后写作者要将带有修改标记的文章交给教师。考虑到学生可能普遍对新单词的掌握程度有限，在如何应用方面缺乏准确认识，其在写作中经常会意识不到自己的错误，因此授课教师应提前对错误进行归纳和总结。让学生提前了解有哪些错误，并且以表格的形式呈现错误形式，要求学生按照量化表的提示从词汇方面对写作进行评价。同伴在给出评价后就总体印象给出一句鼓励的话。

心理研究表明，学生群体比较关注同伴的评价和看法，同学间的相互鼓励会让学生学习更有信心，更容易获得成就感。同伴评价完成之后，各小组对反馈结果进行讨论，充分意识到自己的词汇应用错误以及如何修改，从而能更准确地使用新学到的词汇。

（三）自我评价

学生自我评估是对学习态度、努力和学习成效的三个方面进行评估。当学生参加学习活动时，能够根据这个目标来进行自我评估、自我评估、自我奖励、自我激励，激发学习的积极性和内在动力，从而提高学习效率。学生的自我评估不仅要注重课堂上对教师讲授的内容的理解，而且还要注重课堂上的主动参与，还要注意自身在课外的创造性和实践能力的培养。自我评估的方式有课堂上的自我评估和课后的自我评估。

（四）建立词汇学习档案袋

档案袋记录是评价学生学习过程和进步情况的一种方法，让学生建立学习档案袋是一种动态的、以学习者为中心的提高学习者学习效果的一种评价方式。为学生建立英语学习档案袋，一方面是为了体现形成性评价所传播的理念，另一方面则意在肯定学生的学习主体地位。

教师要求学生把最近教师及同伴反馈的各类量表、词汇积累本、所学习的英语资料、各学习阶段的测试卷、自己写的英语故事或演讲稿等相关东西都纳入学习档案袋之中。这样一来，学生在经过一段时间的学习之后，就可以把自己各个阶段的学习情况拿出来进行对比，感受自己的进步和能力的提高，从而增强自信心，再接再厉，勇往直前。除此之外，教师还可以鼓励学生在课堂上向同伴展示成长档案袋。展示过程中教师和同伴的积极的评价可以激发学生的自豪感，使学生更加重视平常的积累。例如，有的学生在向同伴展示过自己的档案袋之后，他们的词汇积累本上记录的词汇更多了，记录更详细了，书写也更认真了。有的学生通过观看别人的档案袋，发现自己的档案袋纳入的资料太少了，在之后的学习过程中，他们积极地填充自己的档案袋，不仅把自己每节课的自我反思表都放了进去，还积极邀请同学对他的学习情况进行评价。通过这种方法，教师可以了解学生英语水平的发展和变化趋势，对学生学习过程进行长期纵向分析，实现学习的良性循环，发挥评价的促学作用。

在词汇教学中应用形成性评价，就是要充分认识到学生的不同特点，使他们能够根据自身的学习基础和习惯，制定适合自己的学习方法。教师可以通过教师评价、同伴互评、学生自我评价等多种形式的评价方法，通过灵活的组合和应用，使学生主动参加课堂教学，使学生从被评价的对象变为评价的实施者，从而提高学生的英语学习积极性和自主性。

第四章 大学英语语法教学模式构建与课程改革

在当前大学英语改革的大形势下，传统的以课堂呈现为主的大学英语语法教学模式已经无法适应改革的要求。本章分为大学英语语法课程教学现状、大学英语语法教学模式构建、大学英语语法课程教学改革三部分。

第一节 大学英语语法课程教学现状

一、学生对英语语法学习兴趣不浓

学生对英语基础知识的掌握能力有所欠缺，在学习过程中会增加难度，英语语法涉及的内容比较多，也比较复杂，导致学生在学习中遇到很多困难；有些学生十分努力，但却无法提升英语学习成绩，在这种情况下，学生会逐渐自卑，对英语失去兴趣，严重的话，还会对英语产生反感心理，不会花费更多的时间学习英语。部分学生没有形成良好的英语语法学习习惯，对英语语法没有兴趣，不利于英语学习。

二、大学英语语法教学理念陈旧

随着教育的不断改革，在很多教育领域，传统的教学方法已经无法满足现如今的教学要求与教学目标，落后的教学方法是由于陈旧的教学理念所导致的。首先，教师在大学英语教学过程中，对语法知识的判断出现错误，认为一些语法知识在中学已经讲过，大学就没有必要再重复，但其实在中学阶段，学生所接触的英语语法只是服务于高考，对语法只有短暂的记忆。大学的知识与高中所学习的语法知识具有本质上的区别，并且在紧张的高考结束之后，学生大多数已经没有高考前的英语水平，因此许多高校还针对大一新生进行英语摸底考试，对英语语法进行全方面的测试，以此来制定大学生的英语教学目标与计划。其次，教师还因为太重视对英语口语的训练而忽视了对语法的教学，错误地认为语法教学对英语交流能力的提高没有帮助，甚至认为会打消学生学习英语的兴趣，这是英语教学过程中最大的误区。英语语法教学是英语教学的核心部分，与英语交流能力的提高是相互促进的。如果跳过语法教学，直接进行口语上的交流，容易导致学生犯基础性的语法错误，在交流过程中错误百出，准确率下降，最终无法完成完美的交流过程。

三、大学英语语法教学方法单一

传统的大学英语语法教学方法可分为演绎法和归纳法两种，然而在实际的英语教学过程中，教师通常采用应试教育的方法开展语法教学活动，内容枯燥，学生积极性差，进而导致语法教学质量和效率难以得到有效提升，教师无法完成教学目标。加之大学语法教学是传统的讲解式教学，教学内容是"语法规则"，强调语法体系的准确性和完整性，主要环节包括举例讲解、机械练习、规则记忆等，但这种教学方法对课时有一定的要求，不适合实际的大学英语语法教学活动。课时少和"交际法"（以交际为目的，忽视语法规则的教学方法）是影响大学英语教师开展英语语法教学的重要因素。教师通常会以专业化、交际化的英语教学为主，不再重复学生已学习的语法知识，不再注重语法教学的难度和深度；在语法教学中，教师不仅要传授新语法知识，而且还要温习旧知识。如果学生对基础教育阶段的语法知识没有很好地掌握，将导致新语法知识的学习难以得到应有的效果，使大学英语语法教育质量低下，难以真正地发挥英语教育的育人功能。

在实际教学过程中，一部分英语教师依旧以传统教学理念为导向，以灌输式、填鸭式的教学方法为手段，强硬地将语法知识呈现在学生面前，继而忽视了新旧知识的过渡及学生对基础英语知识的掌握情况。

总而言之，传统的英语语法教学方法只注重片面地分析英语语法规则和句法结构，教师给学生传授英语语法知识，学生通过死记硬背掌握知识，并没有明确语义的表达作用，导致学生的学习积极性不高，学习过程缺乏主动性、探索性，不利于构建完整的英语语法体系，对英语语法的教学会产生不利影响。

四、大学英语语法教材陈旧

在教材层面，英语文章中的语法现象通常十分分散，难以使学生对语法概念有整体的认识，教师也难以明确英语语法知识该传授什么，能传授什么，导致大学语法教学出现不规范、不完善等问题，无法提升英语语法教学的质量和效率。除此之外，在大学英语教学的过程中，还存在将语境和单词分开，将语法作为独立的知识模块的现象，忽视语法知识的交际功能和语用功能，使语法教学脱离学生实际，难以帮助学生结合不同的交际目的、语境和生词的特征，灵活自如地记忆语法，应用语法。

第二节　大学英语语法教学模式构建

一、翻转课堂教学模式

（一）课前预习阶段

在大学英语语法教学过程中，应用翻转课堂教学模式，应先引导学生进行相关知识的课前自主预习，从而在帮助学生了解教育目标及教育重难点的同时，让其能够独立展开系统化的英语语法学习。虚拟语气是英语语法体系中的关键性内容，教师在传授虚拟语气相关知识前，可重点讲解本节课翻转课堂教学的重点，要求学生们熟练掌握虚拟语气基本定义，同时可简单运用虚拟语气。在学生自学学习完成后，英语教师要借助具有一定特殊性的谓语动词和有关例句，针对虚拟语气展开分类点评，让学生对虚拟语气产生深度认知和理解。学生们通过对虚拟语气有关知识的探究和分析，融合相关练习加以巩固，进而可深刻掌握各类虚拟语气的实践运用技巧，有效提升其英语水平。英语教师在检查和批改课前预习作业过程当中，应及时针对学生完成状况和最终完成效果做出全方面、客观的分析，明确学生在课前预习阶段所存在的问题，从而以此为基础，调整教育重难点和教育手段，充分满足学生的个性化学习诉求。

（二）课堂教学阶段

一般来说，翻转课堂的有效应用和推进，可以使学生在课前阶段进行充分预习，从而掌握丰富的英语语法知识，让英语教师在课堂教学阶段拥有更多时间针对学生的不足之处进行深度指导和教育，同时对学生当前掌握的语法知识加以拓展。英语教师在具体教学中，可充分收集学生在语法知识学习过程中的困惑，通过小组探讨等方法解决。在此过程中，教师应将这些问题进行分类，优先讲解学生普遍存在的问题。比如，在虚拟语气下的从句知识讲解过程中，多数学生普遍对主句与从句间存在的谓语形式存在困惑，容易在实践中应用错误的语法形式，对于该问题，英语教师要及时掌握学生出现错误的根本原因，然后引导学生以例句为基础展开小组探究，让学生对不同语境下的谓语形式展开深度分析与总结，通过句式分析让学生们理解相关语法知识。在小组内部展开分析探究的过程中，英语教师应明确自身引导者的地位，积极鼓励学生群体发挥主观能动性，让其可以按照个体特征及接受水平进行语法知识学习，并与同学、教师进行深入互动，进而有效提升学生独立解决实际问题的能力，提升其独立思考与自学能力，从而实现促进学生综合发展的教育目标。

（三）课后评价阶段

在英语语法翻转课堂教学的最后阶段，英语教师要有效控制课程教学进度和节奏，积极组织学生针对组内成员具体学习状况进行全面、客观的分析和评价，让学生可通过他人视角了解自身不足之处与自我优点，进而明确未来语法知识学习方向。当前，在高校英语语法教育活动中，英语教师亦要按照学生小组探究结果针对学生展开客观评价，以学生合作探究过程当中的具体表现和学生小组探究最终结论为基础，对其展开评价和总结，摒弃以往仅注重学生语法探究结果对错的评价理念。与此同时，在上述评价活动完成后，英语教师还要鼓励学生对个体表现展开客观点评，让学生正确认知自我，积极面对自身的优点和不足。

除此之外，英语教师还要组织学生对英语语法有关概念、实际用法等知识进行全方位与系统化的学习。在此过程中，教师应注意强调学生存在疑问的知识点。在全面梳理英语语法有关知识点后，教师可呼吁学生积极运用所学知识完成语法训练习题，同时鼓励学生积极收集更多关于英语语法的资料，与组内成员互相沟通，借鉴对方经验，并在课堂中展示所获得的学习体会与感想。

二、混合教学模式

为了充分利用混合教学模式的优势并充分调动学生的学习积极性，发挥学生的学习主体作用，混合教学模式在大学英语语法教学中的应用可分为四个阶段，即课前预习阶段、教学实施阶段、巩固提高阶段和评估考核阶段。

（一）课前预习阶段

课前预习阶段是教学实施的前提和基础。在该阶段，教师应根据教学目标结合学情梳理各语法知识点，并提前通过混合式教学平台以讲义、电子课件、微课等形式将语法知识呈现给学生。同时，教师还要设置一些测试题目以检查学生的预习情况，了解语法知识的难点所在，以便在之后的教学实施阶段重点讲解。另外，在该阶段也可设置一些师生互动、生生互动板块，方便教师在线答疑，学生也可在线讨论语法知识的疑难之处，以便充分调动学生的学习积极性。

（二）教学实施阶段

教学实施阶段是整个教学过程的核心环节，也是课前预习阶段相关知识点的再现环节。在该阶段，教师首先应让学生明确教学目标、教学重难点。其次，教师应带领学生梳理最基本的语法知识点，进行要点解读，再现学习内容，以弥补课前预习的不足，便于在学生头脑中形成最基本的知识框架。最后，教师还应根据课前预习阶段的学生预习情况，对相关知识点做重点讲解。

（三）巩固提高阶段

巩固提高阶段是巩固、提高教学效果的不可或缺的重要环节。在该阶段，教师可通过线上或线下的方式给学生设置一些针对各语法知识点的测试题目，以检验学生的学习效果并进行查漏补缺。在该阶段，教师可根据试题的难易程度采取学生独立做题、学生独立讲解或者小组合作做题、小组代表讲解的方式来检查学生的学习效果，教师最后做归纳总结。

（四）评估考核阶段

评估考核阶段是提升教学效果的重要一环。混合教学模式倡导过程性考核和总结性考核相结合的考核方式。教师可参考学生的上线次数、在线时长、线上线下测试情况、互动讨论情况、课堂表现、学生互评等情况，对学生进行过程性考核，并定期将过程性考核结果一对一地反馈给学生，以督促学生适时地调整学习策略并积极地投入学习中去。

第三节　大学英语语法课程教学改革

一、基于认知语言学的大学英语语法课程教学改革策略

随着我国英语教学改革的不断推进，高校应该更注重英语语法教学。认知语言学认为，人类通过对世界的认知习得语言。教师将认知语言学应用于英语语法教学，通过提高学生的认识能力提高英语语法教学效果。以下具体分析认知语言学对英语语法教学的启示。

（一）以认知规律为基础开展小组教学

高校的教师应该重视英语语法教学。英语思维和汉语思维是有区别的，英语语法规则不能用汉语思维解释。根据认知语言学的理论，学生可以根据自身的认知能力学习英语语法结构。英语语法具有内在的规律，因此教师应该进行系统的英语语法教学。大学阶段的学生具备一定的认知能力，教师在英语语法教学中，要让学生理解和内化英语语法知识，使学生掌握语法规则和语法结构。教学中教师应该将学生当成课堂的主体，发挥学生的主观能动性，让学生积极参与课堂互动，营造轻松、愉悦的课堂氛围，提升学生对英语语法的认知，学生可以根据对英语语法知识的理解练习英语语法，提升自己的英语语法应用能力。

例如，对于"He could afford a house as it was cheap"的讲解，由于这个句子存在因果关系，教师要对学生进行启发，让学生理解句子中的词汇和句式。教师可以向学生提问："as"可以用什么连词替换？教师可以将学生分为若干小组，让学生分组讨论找到可以替换表示因果关系的连词"as"，学生经过讨论得出可以用"because"替换，表示"因为"。讨论完成后，教师可以让学生理解句子的时态和重点单词。这样的教学能够使学生更轻松地内化英语语法，更符合学生的认知规律，有利于学生掌握英语语法知识。

（二）以认知理论为基础开展多媒体教学

由于东西方人们生活的文化环境存在差异，学生的认知方式和文化背景会影响英语语法的学习。英语语法和汉语语法存在很大的差异，教师在教学中应该对比英语语法和汉语语法的差异。教师引导学生理解英语语法，必须在英语文化和英语思维环境下。

认知语言学认为人们理解语言都是概念化的。因此，教师要注重学生英语语法概念的强化。教师在英语语法教学中应该注重创新教学方法，通过教学方法的创新提升学生的学习积极性，增强学生的学习兴趣。教师可以通过多媒体手段开展教学，通过图片、视频、音频等方式加强对学生的感官冲击，让学生更直观地感受教学内容。

例如，教师给学生讲"在校园内"这个短语时，可以采用多媒体教学。由于中国的学校都有围墙，校园属于独立空间，有些学生会认为英语表达方式是"in the campus"，实际上这种表达方式是错误的。国外的校园没有围墙，校园是开放的空间，因此正确的说法是"on the campus"，介词选择"on"。为了加深学生的理解，教师可以通过多媒体给学生播放中国和国外校园的对比图片，通过图片学生可以明确东西方文化环境的差异，理解东西方的语言差异。在学生理解了这一语法内容之后，教师还可以拓展其他介词的用法。教师可以给学生布置关于介词的易错练习题，让学生填写正确的介词。介词语法的练习可以让学生明确介词在句子中的含义，加深学生对不同介词用法的理解，提升学生的英语表达能力。

（三）以认知语言为基础开展体验教学

认知语言学认为，英语语法学习体验可以促进思维和心智的发展。在大学英语语法教学中，教师应该开展体验教育，包括直接体验和虚拟体验。通过认知语言学在语法教学中的应用，学生可以贯彻认知语言学的体验原则，加强自身对英语语法的理解和应用。教师应该挖掘语言背后的意义，句型结构不同，语义也会有区别。在英语语法教学中教师应该培养学生的英语语法应用能力和英语综合能力。

例如，对于"现在进行时"的语法教学，教师要让学生明确英语语法的深层含义。由于"现在进行时"是英语语法教学中的重要内容，教师可以通过举例的方式讲清楚事情正在发生的过程。教学过程可以循序渐进，有助于学生在自身的认知能力内理解"现在进行时"，让学生体会到"现在进行时"的含义。由于"现在进行时"是某一时间点或时间段内正在进行的动作，英语的"现在进行时"可以用谓语动词的时态表达。教师可以给学生举例："He is playing the guitar in his room."这句话表达的是他正在房间弹吉他，谓语动词采用的是"playing"。教师可以让学生想象某个人正在房间弹吉他的情形，加强学生的虚拟体验。教师通过这句话的教学可以总结出现在进行时的表达形式，并拓展到"过去进行时"的表达形式，即"主语+be（am/is/are/was/were）+doing+地点"，根据动作发生的时间可以分为现在进行时、过去进行时，"be"可以根据人称和时态选择。学生理解了这一语法知识点后，教师可以说出汉语，让学生用英语造句，考查学生对英语语法知识的掌握情况，同时也可以给学生出一些"现在进行时"和"过去进行时"的练习题，让学生巩固这一部分的语法知识，这样的英语语法教学效果也会更加显著。

（四）采取有效的教学评价

为了提高英语语法教学质量，需要加强教学评价。教师应该建立科学的教学评价体系，通过科学的教学评价，教师可以反馈英语法教学中存在的问题，可以不断完善教学过程。教师要改变单一的考试评价方法，采取多元化的评价方法，使教学评价更加具体，综合性更强。教师可以将学生的课堂表现、课堂气氛、课堂收获、作业完成情况、出勤情况等元素作为评价的内容，评价的主体包括教师、学生、家长。这种科学的评价方式可以使评价结果更加客观、真实，可以让教师及时发现教学中的问题，并从备课、教学等各个环节完善教学过程，提升英语语法教学的有效性。

二、基于语篇策略的大学英语语法课程教学改革策略

（一）语篇策略在语法教学中的可行性

作为语言的基本要素之一，语法就是按照规定的法则来运用词汇、句型等。语法是从众多的句子中抽离出来的共同表达规则，具有概括性和抽象性的特点。然而，对于语法的概念学术界一直存在着不同的观点，不同的语言学家们都分别给出了自己见解。

英语语法可以以时间为标准分为传统语法和当代语法。一些语法流派在近代以来悄然出现并逐渐成为主流：强调格式的结构语法、注重形式变换的转换生成语法、体现灵活的交际语法、展现自然语言的蒙塔古语法和内涵丰富的短语结构语法。以下选取了部分有代表性学者的观点。哈默（1970）对于语法的定义："the change of words themselves and the way in which words form sentences are grammar." 即限制词语的变化规则以及由词语组成句子的法则就是语法。哈默认为语法主要存在于词语之中，增加或者减少一个单词的个别字母就可以实现词性的变化，这其中的变化总是有一定的规律和方法。例如，将一个事物名词变成一个人称名词，一般都是在事物名词后直接加"er"，如"work"—"worker"。魏多森对于语法的定义是："规定单词和句子的变化规则就是语法。"魏多森（1978）认为语法包含词汇变形以及词组句两个方面。在英语中，存在一些基本的句型结构，如主语和谓语结构的句子、主语+系动词+表语结构的句子、主语+动词+宾语结构的句子、主语+动词+间接宾语+直接宾语结构的句子、主语+动宾+宾补结构的句子等，从中可以发现不论句型如何变化，句子中最主干和核心的部分——主语和动词是始终存在的，在万变之中的不变规律就是语法的构成部分。尤尔（1987）认为："grammar is dynamic, the same structure having different meanings in different contexts.There are three essential things should be included in grammar study: form, meaning and context." 即语法是不断变化的，在不同的语境中一样结构的语篇有截然不同的寓意。语言研究必须包含形式、意义和用法。在尤尔的观点中，语法的概念涉及形、意、用三个层面。"形"顾名思义就是形

态的变化,"意"便是所表达的语意,"用"是如何使用词汇组成句子、如何用句子展现出说话者想要表达的语意,这三个层面由点到面,由具体到抽象,环环相扣。所查阅到的外国学者的观点存在一定的共同性:首先,词汇本身变化的规则是语法的主要构成要素;其次,变化法则也是极为重要的内容;最后,在语篇中词汇变形以后得到不同的单词所组成的句型的规则也是语法的主要构成要素。总的来说各位学者都强调语法的形式,以静止的状态给予定义。

(二)语篇策略用于语法教学的原则

语法是帮助学习者表达信息、传递思想的重要交流工具。大学英语语法教学是让学生在语篇的背景下,通过学习和运用语言的过程初步了解和感知语法规律。语法教学主要遵循以下五项原则。

1. 系统性原则

语言就是一个系统,语言中的语法则是这个系统的表现。语法教学应根据语法变化的逻辑规则和认知水平的发展逐步进行,从知识、技巧方面全方位培养学生的逻辑思维能力。任何语法的学习都是一个逐步深化的过程,因此,语法教学必须遵循系统性原则。

2. 交际性原则

语法教学就是为了培养和提高学生的交际能力,语法教学要尽可能创设真实的教学环境,在真实或者模拟的交际活动中用语言认识、理解语法,在语篇中掌握语法的基本规则,在语言实践中运用所学的语法规则,在真实的交际中将语法规则内化。基于语篇策略的语法教学受语篇交际性特点的影响必须要把握交际互动的准则。交际性是语篇和语法的共同特征,语法最原始的作用就是规范语言,而语篇又是由交际中的语言构成的整体,只有将其运用于真实的语境中,才能提高语法教学效率。

3. 综合性原则

语法本身就是一个完整的系统,语法教学要将能力、目标、内容、过程、方法以及运用等进行有机结合。首先,将听、说、读、写、看五大技能有机地运用到语法教学中去,从而将语法真正运用到交际之中。其次,将归纳法和演绎法相结合。归纳法是在众多的个例中逐个分析其中的共同点,最后得出一个概括性的结论的方法,主要运用于总结语法规律;演绎法是从具有整体性特点的事物中分析出适用于单一事物的结论的方法,旨在探索发现个案中的语法法则。

4. 激励性原则

激励性原则强调教师要注重激发学生运用语篇策略的能力，因此教师在教学过程中要注意给学生更多展示的机会，让学生自主发现部分语法规律，给予学生鼓励与帮助。语法练习的环节要贴合学生的身心特点、认知能力；减少传统的机械训练，设计具有创新性以及有意义的语法操练环节。

5. 变化性原则

由于语法中含有大量枯燥的、杂乱的规则，学习者对于语法的学习兴趣常常较低，而语法教学的变化性原则就是指在语法教学的各个环节，如语法话题的选择、语法知识点的呈现方式、语法练习的形式等，都要富有变化性，丰富课堂活动，增加教学活力。

（三）语篇策略用于语法教学的具体方法

1. 演示法

演示法是指教师直接讲解语法知识后，给学生布置有关的语法操练任务的方法。演示法便于学生理解，但是教师在课堂中主要是讲述者的角色，教师在学生的任务活动部分参与程度很低，对于教材和教师的依赖性很大，会影响学生的自我学习能力，增加学生对语法的抵触情绪。

2. 总结法

总结法是指学生接触含有语法知识的语篇，然后在教师的帮助和指导下归纳出语篇所呈现的语法规则的方法。总结法既有助于增加学生语法学习的积极性，提高对于语法的理解能力，深化对于语法的认知，也有助于提高学生的应用分析能力和概括能力。然而，这种方法对于学生的要求过高，学生必须具备很强的学习动机，才会主动学习语法，否则会对语法规则的学习不到位。

3. 指导发现法

学生观察句子后在教师的帮助下理清具体的语法规则后，教师再帮助学生强化所发现的语法，教师还需给学生创造运用和展示语法的机会的方法就是指导教学法。这种教学法适合英语能力较高的学生，教师需具备课前准备、课堂调节和课后反思等能力，在实际的教学中实行的难度较大。

第五章　大学英语听力教学模式构建与课程改革

听力是大学英语教学中的一项重要内容，也是当前大学英语教学当中相对薄弱的一项。只有具备良好的听力能力，才能真正将英语作为交流和沟通的工具。随着教学改革的不断深入，大学英语听力教学课程也要进行必要的改革。本章分为大学英语听力课程教学现状、大学英语听力教学模式构建、大学英语听力课程教学改革三部分。

第一节　大学英语听力课程教学现状

一、英语相关文化背景知识匮乏

由于缺乏对英语相关文化背景的了解和口语表达方式的积累，学生无法结合语境准确理解听到的内容。此外，不仅学生群体的知识储备不足，由于时间和精力等方面的原因，很多英语教师自身的跨文化知识和口语常识也略显不足，所以能向学生传授的内容也有限。而面对海量的文化背景知识和不断涌现的新的口语表达方式，只靠"线下"课堂的教学无法将所有内容传授给学生。一种较为可行的途径是让学生利用课下时间和智能化学习工具，在观看视频的过程中进行总结提炼，掌握必要的知识点，并加以充分练习，将个人无法理解或解决的问题带到课堂上由教师统一讲解。

二、大学英语听力训练方法不当

英语听力能力是学生在英语环境中长期练习形成的。由于学生的自身英语能力和知识十分有限，在学习英语时容易采用错误的方法，但教师却并未对学生的学习方法进行针对性引导，导致学生还在使用错误且单一的英语听力训练方法。此外，教师注重课内听力素材的练习，未关注学生基础语言能力的提升，导致学生对英语的语言感知能力较弱，缺乏学习积极性。

三、大学英语听力教学方法和教学模式单一

目前，广大英语教师在英语听力教学中，主要采用单一的教学模式，为学生设计统一的学习目标，让学生在课堂教学中跟随教师进行英语听力练习。但高校中每一名学生对于英语语言的感知能力和英语语感都有所不同，如果单纯采用单一的教学法，教师就无法顾及所有学生的学习特点，学生的语言感知能力就受到了限制。

教学模式是教师通过特定教学思想以及教学理论制定的较稳定的教学框架和程序。英语课的教学模式不是一成不变的，它会随着教师授课内容和学生学习效果的变化而发生改变。在国内，很多高校的英语课堂仍以教师为中心，教师通过"配给式"教学向学生灌输英语听力教学内容。例如，为了拓展学生的词汇量，教师会把词汇穿插在听力内容中。但是单一的听力学习会让学生感到疲惫，再加上听力内容一般较短，学生一旦专注于某个单词，就会错过对文本内容的理解。

四、大学英语听力与口语训练不足

在英语听力教学过程中，听力和口语的训练是不可分割的。听力材料中不同的语音、语调、语速，有不同的意义。如果大学生英语口语基础薄弱，单词发音不准确，那么听力水平很难提升。

目前，国内高校对于大学生听力训练和听力技巧的训练的重视程度都略显不足，加上很多英语课堂缺少对学生口语能力的强化，严重影响了大学生英语综合能力的提高。此外，很多学生缺少有效的英语听力和口语学习方法，英语听说能力的提升只依赖于课堂，缺少自主学习能力，这也在很大程度上制约了他们的全面发展。

第二节 大学英语听力教学模式构建

一、立体化教学模式

立体化大学英语听力教学模式建立在教师、学生、课堂、网络平台四要素之间的关系上。教师是课堂的设计者、引导者和控制者，同时课堂教学的状况

给教师提供反馈与挑战，促使教师密切关注自己的教学目标是否实现、教学内容是否合理、教学方法是否恰当。学生则是课堂的主体，负责完成任务、推动课堂的进程。课堂适应程度、任务完成情况将提示学生对自己的学习质量进行评估，高度自主性的课堂对学生的学习能力与协作能力提出了挑战。网络平台则是课堂的进一步延伸，为学生提供丰富的学习资料、语言技能的训练空间、与教师互动的渠道，并将学生作为平台资源库建设的主体之一，激发学生的参与热情和创造力。在教学当中，教师变成指导者、评估者与监督者，通过课堂与网络平台与学生互动，为学生的学习提供指导，同时也要承担网络平台资源库的规划、建设与整合任务，使网络平台与课堂教学可以更好地衔接。之所以称基于这四个要素互动关系的英语听力教学模式为立体化教学模式，是因为它实现了学习时间、能力培养及学习内容三个维度上的立体化，利用现代化信息技术和多媒体设备，打造无处不在的听力课堂；使"听力"成为学生提高语言综合应用能力的突破口，带动说、写、译等各项能力的发展；通过多样化的学习内容，拓宽学生的知识面，提升学生的文化素质并使学生掌握实际情境下的交际策略与语言技能。

简单地说，立体化的大学英语听力教学模式表现为模块化的教学目标、任务化的课堂设计、多样化的教学资源、综合化的考核评价体系。

二、多模态教学模式

（一）听力任务进行前

听力任务进行前，教师应当充分考虑听力材料的文化背景和情景语境，制定合适的教学程序，采用恰当的教学方法，并根据教学方法进行模态设计，选择合适的教学媒体。对于听力教学而言，学生在没有任何背景知识或语言文化积累的情况下直接接触听力材料，是很难顺利抓住听力内容关键点的，这种做法也不利于激发学生英语学习兴趣。教师可以通过学习通、慕课等学习平台，将听力任务布置给学生，亦可以通过预留作业的方式，引导学生自主学习，并能够根据听力材料主题，预判文本内容，主动查找材料可能涉及的文化知识。

此外，教师也可以将听力材料中较难读或难辨识的词汇及俚语等提前告诉学生，以便学生提前做好心理准备。对于学生自主学习效果的检查，教师可以通过课前随机考核的形式进行，目的在于让学生及时查漏补缺，相互学习，强化记忆效果。在引入听力素材的主题后，教师可以根据学生的语言能力，将其分成不同的小组，分小组完成后续任务，以便让每个学生在小组内都有表达想法的机会，都能平等地参与小组活动。

（二）听力任务进行中

教师在听力任务进行过程中，要注意语言模态（口语和书面语）以及非语言模态（动作、表情、工具等）之间的转换，通过不同模态的交互使用来提高学生的英语学习兴趣，提高听力教学效果。课堂上，教师要充分利用多媒体，如PPT、视频、网络平台等，模拟真实语境，给学生提供多模态认知和感知的环境。对于听力材料，教师可以根据难易程度，反复播放听力素材的相关片段，刺激学生的听觉和敏感度，训练其捕获材料关键信息及有效记忆的能力。待听力材料播放结束后，可以分小组讨论，鼓励学生相互修正答案。教师在听取小组答案后，应当及时给予引导和修正。

此外，教师可以通过个别提问或者小组抢答的方式，激发学生的学习欲望，同时检查学生的听力效果和小组讨论情况，进而判断学生是否理解听力答案。如仍存在问题，则可将听力材料整篇重复播放一遍。在播放过程中，对听力中的连读、弱读、爆破等技巧及语法结构、句型搭配、生僻词汇等知识点进行反复讲解，并补充与听力话题相关的知识，拓展学生知识面和思维广度。

（三）听力任务进行后

在听力任务结束后，教师可以根据学生对听力素材的掌握程度，综合运用多种模态对教学效果进行检验。

首先，在课堂上，鼓励学生对听力话题进行复述、讨论，以检验其对听力素材的理解，对俚语、句型、词汇的掌握，以及对英语语音、语调、语速的把控。也可以通过对英语听力文本拓展训练的方式，如话题作文训练等，强化学生的语言组织能力、逻辑思维能力和英文书写能力。

其次，在课后，教师要创新学生的英语学习形式，积极开展第二课堂学习实践活动，以情景模拟实践激发学生学习英语的兴趣和热情，让他们沉浸到语言实践环境中，促进其语言综合运用能力的提升。

当然，教师也可以通过自建英语网络学习平台、开展线上网课、创设英语教学资源库等形式，构建多模态语言实践环境，最大化地实现学生和英语多媒体语料之间的多模态互动，强化英语听、说、读、写、译能力，实现英语综合能力的提升。

此外，有条件的高校可以开展学习交流、企业实习、社会调研等社会实践活动，与其他高校进行师资合作，与外资企业开展交流合作、共建实习基地，让学生能够把所学知识应用于实践之中，从而促进应用型、复合型和创新型人才培养目标的实现。

三、以教辅学教学模式

传统的听力教学只侧重于教学过程本身，而忽略了对学习者的需求和认知特点的关注，所以教师和学者们应该深刻了解影响听力理解的因素，从而着手弥补这方面的不足。自主学习在解决此问题上具有优势。自主学习可以弥补传统教学模式的不足，因而由听力教学辅助自主学习是非常有意义的，具体可以从以下这三个方面开展教学。首先，教师要帮助学生养成自主学习的意识，不仅要让学生了解自主学习，还要让学生学会自己做决定，让学生拥有更多的主动性，增强自主学习意识。其次，教师要让学生们有计划地安排自己的学习活动，并监控自己的学习过程、策略和效果。监控是为了让他们及时发现自己的听力问题，及时补救。最后，让学生评价自己的学习过程，并根据实际情况调整学习过程中采用的学习策略，以便更好地提高听力水平。

教师要制定科学合理的听力自学和教学计划，调动学生参与教学的积极性和主动性。在制定计划时，教师要对学生进行测试，以便学生能够了解他们在英语听力学习中的缺点，从而进行自我反思，寻找不足，并准确定位。在实施教学计划的过程中，教师应有意识地让学生独立寻找相关的资料，引导学生阅读。在课堂中，必要时教师还得有重点地讲解知识的要点和难点，帮助并指导学生掌握新知识，有效地将课堂学习与课外学习相结合。

教师还要对学生进行听力策略培训和微技能培训。听力策略和微技能都可以促使学生自主学习。听力策略包括认知策略、元认知策略和社交/情感策略。认知策略是指通过考虑如何存储和检索信息来解决问题，例如捕获关键字、捕获非语言提示、推理、记笔记等；元认知策略包括规划、监控和评估理解；社交/情感策略包括要求对方说明问题，与自己交谈以减轻压力或焦虑。听力策略训练总共分为两部分：第一，教师要让学生做好充分的心理准备，即学习者要尽量理解听力学习的特点，并且要改变完全依靠教师学习英语听力的观念；第二，教师要设计一系列的活动进行实际准备，以提高学习者在学习听力方面的兴趣和积极性。听力微技能的培训也非常重要，以下是四种最重要的听力微技能：第一种是辨音能力，语音在听力中占有重要地位，教师可以从单音开始让学生分辨，之后逐步加强学习力度，直到完整的句子的辨音；第二种是获得主要信息的能力，教师要培养学生在冗长的原文中抓住关键词、关键信息，理解文章的主旨大意，不纠结于细枝末节的能力；第三种是预测能力，教师要培养学生可以通过前文或者语音语调预测出后文内容的能力；第四种是猜测单词的含义的能力，词汇在听力中起关键作用，要能够根据主题、听力背景或听力材料的背景知识猜测新单词的含义。

以教辅学的英语听力教学模式的主要目的是培养学习者的自主学习能力，提高学生学习的主动性和积极性。由于学习者之间存在个体差异，这种教学模式可以弥补这方面的不足。教师只教授一些基础的技能，让学生们可以充分地自主学习，按照自己的步伐、自己的学习特点，一步一个脚印，用最适合自己的方法和计划进行自主学习，从而达到最佳的学习效果，这就是以教辅学的英语听力教学模式的最终目标。

第三节 大学英语听力课程教学改革

一、大学英语听力课程教学改革的意义

听是获取信息的重要途径，是语言技能之一，是交流的重要方式。据有关数据，听、说、读、写在语言交际活动中听力技能占45%。而听力理解是人们大脑在短时间内需要处理的口语信息，由于信息具有多层次性，再加上不是母语，所以听力成为学生学习英语的短板。多听、多练的基本模式试图提高学生的英语听力理解水平，显然效果不佳，成绩不理想，提高学生听力水平是英语教师当前亟待解决的重要课题。

人们在日常生活交往中，听的时间是说的两倍，是读和写的四到五倍。不论哪种语言，听都是最基本的语言技能之一。但在英语教学中，听力教学从教师的"教"到学生的"学"两个方面来看都是最薄弱的环节。国外学者认为听是一种活动，在第二语言学习过程中，听力理解极其复杂，从听者对语言信息接收到意义建构过程中，需要接收有声的信息，再进行加工，切分语音流，并能辨音识词，再到语法知识，最后建构句子意义，其中还需要通过逻辑思维联系整个语义，才能真正达到听懂说话者意图。整个过程中，从神经学、语言学、心理语言学等多方面分析，可以证明听是一个非常复杂的过程，它可以分为初步感知、解析和运用三个阶段，并且相互重叠。虽然关于听力理解的定义说法不一，但是各方说法有一个共同点就是积极接收并处理信息，有感知、解码、预测和选择等，这些过程诠释了人们对听力的认知。

大学英语听力教学无论哪个国家，在不同时期都有着不同的教学方法。从英语教学初期没有听力的时代，到"二战"时期出现的听说法，然后是交际法、任务阅读法等都呈现了英语听力曲折的发展过程，从中也可以看出人们对大学英语听力教学越来越重视。我国新高考对于英语考试进行了重大改革，由没有听力测试，到有听力测试，最后到听力测试分值计入总分，这个改革轨迹足以说明我国英语教育对听力教学的重视程度。英语是语言交流工具，听力是领会和获取语言信息的重要途径，更是发展语言的关键，基于此，听力在社会交往中地位越来越突出。

听是包括注意、理解、记忆以及评价的积极过程。学生凭借已有的知识储备，运用各种策略达到理解所听的内容，并通过策略实现最终的解码。听力策略有助于听力水平的提高，对听力理解直接助力。听力策略可以分为认知策略、元认知策略和社会/情感策略。学生通过听力策略的训练激发学习兴趣，提升学习积极性，促进学习自主性，听力策略的实施能有效提高英语听力，是提升英语听力的有效途径之一。

二、大学英语听力课程教学的改革策略

（一）大学英语听力"教"的改革策略

1. 树立正确的听力认知

随着世界各国之间的交流日益频繁，在以往那种"聋哑"英语教学模式下培养出来的所谓高分学生已经不能够很好地满足社会的发展需求。对英语教师来说，不能只看重学生的课堂出勤率和成绩，而是要让学生综合全面发展，逐步转变传统的教学理念，适应新时代的变化，专注于学生全面发展能力的培养，促进学生的全面发展。

同时，转化观念也意味着教师在大学英语听力教学过程中要更加注重学生的情绪态度。教师不仅要传授知识，也要关注学生的心理健康。相对来说，心理健康比成绩优秀但有心理问题更重要。因此，教师在教学中应注意消除学生的消极情绪，如沮丧、厌倦以及抑郁等。

每个学生的智力水平和学习基础都不一样。教师不得严格要求学生必须跟上自己的课堂进度，也不要坚定地认为每个学生都能够取得优异的成绩。选择的听力材料和听力训练都要结合实际情况，让学生在学习英语听力时增强信心。当学生遇到问题时，教师要教给学生正确的学习方法，帮助学生找出出现问题的原因，

在不影响学生积极性的情况下，让学生进行反思。

教师不仅要掌握专业的教学方法，而且也要掌握心理学等方面的知识，教师拥有良好的教学水平是更好地完成教学任务的前提。教与学相辅相成。学无止境，现代教师应不断完善自己，注意提升个人教学水平，使教师的作用得到良好发挥，让学生健康发展。

首先，只有英语教师自己的口语水平比较高，才能营造更好的学习氛围。在语言学习中，标准的发音十分重要。因为学生学习英语的主要途径就是课堂，有着比较大的限制性，因此，教师应该增强自己的英语教学能力，教给学生正确的发音，提高学生的语言水平，让学生掌握国际性的英语发音标准，能够准确判断并应用词汇的重读、弱读、连读、爆破发音。

在大学英语听力课程教学过程中，教师应该尽可能多地使用全英语教学，避免过度使用母语，并通过在现实生活中使用英语为学生创造一个真实的语言环境，从而增加学生进行听力练习的机会，使其英语听力能力得到提高，英语水平也得到显著性的提升。同时，教师需要鼓励学生多阅读英语文章，引导学生用英语去解释未知的事物，提高学生使用英语的频率，提高学生的英语口语水平。

其次，教师要增强把握课堂节奏的能力。教师教学都是在课堂中进行，而课堂是师生互动频率最高的地方，为了让学生能够在有限的课堂时间内学习更多的知识，保证教学效果，教师就需要在课前对所有章节的复杂知识点进行整合，根据教学大纲做好备课工作，把握好课堂节奏。

从听力训练方面来说，教师要在课堂上合理规划听力训练内容，加深学生的印象，培养学生的语感。充分准备备课内容，明确教学目标，使教学环节的安排更加密集，重点明确，细节适当，能够对课堂上的每一分每一秒进行充分的运用，形成良好的学习氛围。同时，因为语言具有即时性的特征，学生在进行英语听力训练时无法和英语阅读一样获得有效信息。因此，教师要在课堂上引导学生去学习一些有效的听力材料进行英语听力练习，提前阅读听力题目，根据问题了解听力材料的大致信息，对听力内容进行预测，然后在听力训练过程中选择听取一些有效的语句，实现有效训练。

最后，教师要整理出一些有用的学习资料，虽然听力材料训练比较重要，但并非全部的材料都适合学生的日常听力学习训练，而是要求学生英语听力训练能够逐渐推进，不能要求一蹴而就，不同学习阶段使用的听力材料其难度也应有所差距。

因此，教师应根据学生正处于的阶段以及实际需求灵活选择听力相关教材，做好听力材料的选择和检查，保证听力训练能够循序渐进地进行。比如学生听力训练的内容主要是学生的基础知识，旨在培养学生的语感，增强学生扩展第三方知识的能力，为后续的新知识点学习奠定基础。整个学习过程中要不断地加强学生薄弱点的训练，提高学生的训练水平。同时，学生听力训练的材料应有足够的趣味性，结合学生的实际情况，甚至语言阅读的场景，联系背景知识，让学生了解更多西方的文化背景，降低学生理解语句的难度系数。

2. 优化课堂教学

英语课程的优化是一个持续的过程，对此，教师作为其中的基础其作用首当其冲，教师要去分析改革后课堂提出的新要求，明确英语听力教学的目标。英语听力教学要符合英语这一学科的新要求。同时，教师应更加注重观察与了解英语课程标准中对于学生听力指导方针中的描述及其提出的相应要求。教师应做到跟随形势转换思维，思考并研究相应对策，充分明确英语听力的重要意义及对其相关能力的要求，挖掘并优化教师课堂教学，提高学生在英语听力理解方面的水平与能力。

因此，教师需要尽快调整英语听力课堂教学模式，提高课堂教学效率，不断激发学生潜力。在设计教学的实施时要考虑以下要素：学生、目标、学习过程、活动、沟通、逻辑、策略、兴趣、启发、实效。在优化英语听力课堂教学方面多下功夫。比如在教学中减少汉语的出现，实现全英文的教学；训练学生记单词的能力，扩大词汇量；坚持进行持续性的英语听力训练，培养学生英语语感。同时，要及时调整教学手段和方法。

3. 转变听力教学模式

大多数的学生的英语基础水平比较低，英语听力能力也比较差，若是教师不转变自己的教学模式，还是选择以往的教学方式来教学，学生对于英语课堂学习兴趣也会有明显的降低，甚至学生可能会丧失对于英语学习的兴趣，学生的英语听力水平提高更是无从谈起。随着教学改革的进行，教师进行大学英语听力教学时也需要真正地做到与时俱进，转变教学方式，根据学生实际需要找到合适的教学方式。

比如，教师可以有意识地将翻转课堂教学模式运用到大学英语听力教学中来。翻转课堂指的是教师在上课前将相关的音频资料、视频资料或者是多媒体课件发送给学生,让学生自主地学习。通过这些材料,学生能够自主地进行学习,在上课的时候再和教师进行交流互动,教师也能够更好地帮助学生,解答学生的疑惑,教学效率也会有明显的提高。将翻转课堂运用到大学英语听力教学中去,能够转变教师和学生的角色,教师能够更好地对学生进行引导,将学生的主体作用发挥出来。教学的时候,课堂教学模式也能够从以往的教师讲解、布置作业转变成学生自主学习和课堂探究的模式,在这个过程中学生能够多思考和探索,也能够养成良好的资料查阅习惯。并且,将翻转课堂运用进来,能够帮助学生延长其学习的时间,进行英语听力内容的拓展。最后,课堂教学的时候,教师指导学生,能够推动师生交流和生生交流更好地进行,学生的英语听力水准也会有明显的提高。

4. 重视听力过程

在教材统一和有大量的教参情况下,太过依赖教学参考书和教科书,使得英语教学模式和内容非常相似,而是缺少创造力,无法引起学生的学习兴趣。但随着课程不断改革和新媒体技术的发展快速,教师在教学过程中有更多资源可以选择,在教学内容和教学模式上有着更广阔的发展空间和选择空间。

首先,教师要对现有的丰富的教学资源与网络上的各类信息材料进行充分利用。兴趣是吸引人们开始认知活动的巨大力量。想要学生在课堂上集中注意力,应该使学生以积极愉快的状态参与到课堂活动中。而达到这一目的所需要的辅助手段是必不可少的。

据统计,成年人的大脑可以通过听觉记忆25%的材料,通过视觉记忆40%,通过听觉和视觉同时记忆70%。所以对于英语和英语听力来说,多媒体的优势是普通课堂教学无法比拟的。多媒体作为一种现代教学手段,其自身是集图、声、文于一体的。同时,多媒体教学的数量和质量也大大高于传统教学所带来的效率。它可以使得多种英语形式之间产生完美结合,使得语言表达更加清晰明了,可以有效地传达想要表达的信息,使理解更加透彻,对所学内容的记忆更加深刻。

因此,教师可以充分利用现代化教学设备来教学,利用视听教学模式来教学,这样可以大大提高学生的学习兴趣和学习效率,如在英语教学过程中可以采取相关诱导教学方法,选择一些有趣的电影片段来插入课堂教学,来激发学生的学习兴趣,反复播放,让学生模仿学习其中的桥段,模仿地道的语音语调,在制作教学课件时,注意生动有趣,插入与教学内容相匹配的图片、音乐或视频,这样有利于活跃课堂气氛,调动学生学习积极性,让学生对于学习的印象得到加深,提高教学效果。

其次,教师要善于创新,发现和总结新的教学模式。在传统的教学模式下,课堂上的几十分钟基本上都是教师一个人在讲,课堂互动性十分低,学生学习积极性低,学习效率低下。而且在听力训练过程中,给学生反复播放相同的听力材料,课堂的氛围会变得枯燥无味,课堂的活跃性和互动性就会大大降低,学生将会失去学习积极性。

因此,教师要善于创新和发明新的教学模式,摒弃传统教学模式的弊端,这样有助于提高课堂互动性和学生学习积极性。如以活动促进学习方法、任务型听力教学法、多主体教学法、知识结构激活法等。教师可以布置一个课上口语练习,每天利用课后空闲时间训练口语,然后随机抽取学生在课堂上即时表演,随后让其他所有学生利用英语口语对其进行评论。或者组织一个自由语言交流活动,随机话题,让学生分组发言表达,从而调动学生参与的积极性,提高学生的学习能力,提高整个课堂的互动性。

最后,教师也需要不断丰富学生的课外活动。在现阶段的教育学习过程中,所要教学的内容知识点非常多,但是能够教学的时间非常有限。每节课只有几十分钟,教师无法充分展示自己的教学理念,所以课外活动尤为重要。丰富的课外活动可以使学生的英语听力能力得到很好的提高。比如设立英语兴趣小组,小组经常举办演讲竞赛、唱歌、猜谜语、辩论赛以及演讲竞赛等活动。同时,开设"英语角"对于培养学生的英语交流能力也具有很好的效果。在指定的时间与地点,教师与学生只要进入到英语角中就只能用英语进行交流,这就能够有效地增强学生学习知识的应用能力,并且不断加强学生的英语交流能力。

5. 重视情感教学策略

在大学英语听力教学过程中,教师要为学生创设更加舒适、自由的学习环境,建立更加和谐稳定的师生关系。教师需要在学生的情感情绪上有所重视,及时缓解学生在情感方面的各种心理障碍。

通常来说,对于综合素质比较高的教师,他们更能了解到学生的心理变化特征,会重视学生心理素质的提升,也会采取情感式教学策略来教授学生。换句话说,听力理解是非常复杂的过程,它不仅会受到学习者英语水平的限制,而且也会受到心理因素的限制。根据调查可以发现,学生在听力过程中经常会产生紧张、自信心缺失以及焦虑等负面情绪,而这也一直是一个非常复杂的思维活动。

因此，教师需要在英语听力过程中适当引导学生，帮助学生消除心理障碍，消除负面情绪，培养学生良好的听力习惯，同时也增强学生的心理素质，使学生得到健康全面的长久发展。因此，在日常听力教学中，教师有帮助学生学习梳理情绪的必要，并在情感管理策略上给予学生合理的指导。比如在听力教学中，教师合理使用共情能力，营造自由宽松的教学氛围，提升学生的听力兴趣，让学生参与语言实践。充分发挥学生在课堂中的主体作用，从而消除不良情绪，减少对听力困难的恐惧和焦虑。

6. 做好听力教材的选择

以往的英语听力资料很难满足大学生听力学习的需要，这便要求教师上课前对学生的听力学习材料进行认真的甄别，选择那些和大学生实际需要相符合的材料。并且，学生进行听力学习的目的也是提高英语实践能力和交流能力，这便要求教师在进行教材选择的时候，尽量地选择那些和学生工作生活相贴近的材料，这也能够帮助学生真正地认识到听力学习的重要性，帮助学生提高其听力能力。比如，教师可以通过网络的方式找到和学生专业、生活和工作相符的英语素材，让学生练习听力和口语，教师也可以让学生提供一些感兴趣的素材，这样也能够将学生听力学习兴趣真正地激发出来，长此以往，学生英语听力水平也会有明显的提高。

7. 听力教学评价多元化

英语课程中的评价十分重要，它是实现课程目标的重要保证。因此，在大学英语听力教学过程中，要采取合理的评价策略，充分地发挥出监控与指导作用。在大学英语听力教学过程中的评价要联合终结性评价和形成性评价，进行定性或者定量评价，其中还要重点对学生的知识运用能力进行评价。近年来，英语学科权重进一步加大，要求降低学科考试难度，减轻学生学习负担。学生每一年的英语科目拥有两次考试机会，同时，考试内容中增加了听力部分。其实，从某种意义上来说，这说明英语比其他学科有更大的实用空间。

听力在语言能力的组成中也占据着重要位置。它在五项基本技能中位居首位，作用也在不断增强。教师可以在进行英语听力教学的不同阶段采取不同的教学方法，同时也采取相似性的评价策略，有效激发学生听力训练的积极性。比如在不同的训练阶段，评价学生的理解能力，采取不同的评价策略做出正确的评价，评价学生听力前、听力课上与课后的表现，利用学生的自我评价或同学间的相互评价来实现合作学习。应从内容和形式两个方面对学生综合素质的培养进行深入探索，对于学生主体的全面发展和个性发展保持较高的关注度。对于一个学生的成长与进步，要使用多元化的方式对其进行评价，从而使学生对于听力理解的兴趣有所增强。

总之，教师采取的评价方法与选择的评价条件可以更多样化，发挥出更大的激励效果，评价要注意其功能性、目的性以及普遍性。帮助学生在不同层次树立学习目标，实现学生的全面发展。听力教学评价不再是传统考试的形式，而是采取多元化的评价体系来评价学生的学习情况，可以有效激发学生的学习兴趣，从而鼓励学生积极参与到听力学习过程中来。

（二）大学英语听力"学"的改革策略

1. 夯实学生的语言基础

任何技巧的使用都需要以扎实的基本工作为基础。要想完成听力任务，首先就需要不断地进行听力训练学习，在学习语言时，要增强自己的理解能力和辨别能力。辨别声音的能力不足限制了对单词与句子的理解，因此，声音辨别能力对学习者来说非常重要。对日常常见的单词和复杂的单程需要重点进行，不断积累，做更多的专项训练。多读一些读音相近的单词如 angel and angle，sweet and sweat，led and red，wrong and long 等，要注重对语音差异的辨别，一些读音相同的单词如 flour and flower，break and brake，meat and meet，son and sun 等要注意上下文。在学会单词识别后，就会遇到越来越难的听力材料，要注意去辨别句子的异同，提高理解力，正确理解文章的含义。听力与辨别关键在于准确读音的训练，所以教师在教学生英语的过程中，要重视学生发音的培养，特别是单词的阅读，注意音节、义群、连读、重音、语音语调以及语音规律，让学生模仿录音中的读法，准确流利地读出句子。

其次，学生不断积累词汇，打好基础，这是理解听力材料的前提条件。如果词汇量不足，就无法理解句子的含义。如果你不懂单词，你就不能理解句子的意思，只有不断地积累单词，才能更准确地理解文章的含义，此时不能死记硬背，要注意合理的技巧，根据句子特点进行策略性记忆。

当然，英语学习不仅要掌握足够的词汇量，而且也要掌握语法知识，这是英语学习的重要内容模块。汉语与语法有比较大的差异，不同的句子与其有很大的不同，尤其是 what if 或 if only 的虚拟语气，学生很容易曲解句子的意思，所以平常的语法积累也十分重要，学生应多学习相关语法，不断积累，加强记忆。

最后，在学习过程中也要了解更多的外语背景知识。语言是文化的载体，了解外语的文化内涵，对于学习外语就有很大的帮助。因此，学生要多进行课外阅读，掌握更多的课外知识，认识更多的事物，拓宽自己的知识面，了解不同的文化差异和思想差异，利用这些丰富的思维来理性推理判断是听力材料。例如，billion在美语中是指 one thous and million，而在英语中是 million million，因此，丰富自己对其他国家的文化背景、风俗习惯、历史知识等的了解，有利于英语的深入学习。

2. 树立正确的听力观

调查显示，大部分学生听力理解能力不足、不完整，对听力学习的热情较低。听力学习的目的远大于应试学习。人与人之间的差异大多在于认知，所以学习成绩也与一个人对学习的认知有关。学生在日常学习过程中需要教师的引导，从而确立属于自己的正确的听力观念。为了提高听力教学的质量，需要让教师和学生清楚了解策略的使用在听力教学过程中占有怎样的地位，并在听力过程中积极使用听力策略，以实现提高学生听力技能的目标。一方面，高校应该加大教学投入，加强英语教师的基本技能和专业能力的发展，提高教师的专业和战略素质。另一方面，教师需要不断提高自己的语言素养，去掌握和学习英语的听力方法，然后将方法应用到听力教学的各个环节。同时，教师应擅长应用各种材料，选择合适的教学策略对学生进行听力训练，对学生进行持续性的监督，让学生能够熟练地应用学习策略，牢记听力学习方式。除此之外，教师也应培养学生树立应有的策略意识，在遇到问题时使用相关策略来解决问题。最后，因为听力策略和听力理解存在一定的关系，因此将听力策略训练整合到听力教材中，把听力教学认为是一个操作性比较高的教学。英语教师的培训也要增加听力策略的训练，提高教师的教学水平。

教师注重英语听力所发挥的作用时，要针对学生不同的自身特点使其树立适合自身的听力理念，让学生对于听力的本质有一定的了解。培养学生听力能力的多样化方式可以使学生内在动机得到很好的激发，使其不仅仅是停留在外在动机促进学生听力学习的层面上。学生的学习动机不同，他们的学习态度也会有所差异。而他们可以通过改变自己的态度进行学习，让自己对学习感兴趣。总的来说，当学生有了听力理念后，他们的目标就会更加明确，动机也会更加多样，在强烈的动力下不断学习，不断形成良好的听力习惯。

3.加强学生对听力重视程度

大学生在学校学习英语时，由于没有实际演练对话或接触较多的相关专业英语，对英语口语、听力的认识度和掌握度不高，教师在进行英语听力教学时，要将听、说有效相结合，并让学生多接触相关专业的英语交流对话，尽力创造条件，比如带领学生参观未来可能工作的场地，进而提高大学生对英语听力的重视度。

例如，教师可以先根据学生自身的专业特点进行情景设置，让学生应用英语全程交流。高校护理专业的可设置医院护理病人等情景，中药专业的可设置中草药识别和功效简介 PK 大赛等，让学生从被动学习转变成主动训练学习，这不但可以锻炼学生的听力、理解能力，而且还能提高学生的交流水平。通过这样的方式教学，凸显了学生的主体地位，在教师的积极引导下，学生融入自己的情境角色中，增加了英语练习、实践机会，学生也在学习和生活中真正理解学好英语的重要性。

4.调动学生听力兴趣

必须为学生们打造更加良好的课堂环境，这样才能帮助他们更好地进行语言学习。教师可以在课前为学生们播放一些舒缓情绪的曲目，减轻他们学习的压力。

对于课堂教学中听力材料的选择，采取逐渐递增难度的方式。首先，让学生们接触简单的听力训练，让他们逐渐了解其中的技巧，并引导他们结合上下文进行综合分析，帮助他们寻找正确的答案，这样可以让同学们建立对学习的信心。在听力课程的训练环节里，应该结合表演与阅读，充分调动学生们的大脑，帮助他们更好地理解听力材料的语言情境，当大家都能听得懂学习内容时，自然也会投入更多的注意力。与此同时，教师还要及时捕捉，在听力训练过程中关注学生们的表情变化，一旦发现情绪焦虑的学生，要及时帮助他们清除学习过程中遇到的障碍。采取鼓励和引导的方式，让他们可以了解到自身学习中的不足之处，帮助学生在学习中始终保持良好的学习态度，学会控制自己的情绪和状态。这也要求教师在听力教学前，就要做好准备，利用不同的听力材料，打开学生大脑的思维能力，有针对性地为学生准备听训材料。在课堂上学生可以相互交流，可以将自己对于题目的理解表达给对方，大家可以相互总结从情境中提取到的信息，同学之间相互配合，共同找出正确的解答方式。

其次，学生可以采取速记的方式，快速地捕捉材料当中的重点，准确地判断出题者的意图。这也要求学生对于单词的积累量和语法有着深刻的了解，在平时的学习过程中，就善于猜测人物关系之间的逻辑性。

此外，应指导学生对于不同的听力材料都有所接触，可以清晰地判断在不同叙述体裁以及讨论对话中的重点信息，也能够从新闻报道以及采访中找出关键词。教学的重点就是要将听力主要表达的内容，有效地结合当前的语言环境，能够使两者之间形成逻辑性的关系。

通常情况下，听力学习者会采取老式的机械训练法，这种效果显然比较差，因此，在进行听力答案的判断之前，我们要了解材料中的深层含义。教师可以将听力训练分为三个部分，听前、听中、听后三个阶段，通过详细的设计，帮助学生建立听力图式，让他们可以有更高的参与度，综合提升听力学习水平。

5. 培养学生良好的听力习惯

学习习惯是学习过程中不断反复的一个学习行为，学生都有自己的学习习惯和方法，真正的学习方法和好的习惯能够有效帮助学生学习，否则将会限制学生的学习。对于两个同等认真程度的学生，学习效果的差异主要由于学习习惯的不同，因此，良好的听力习惯对学生进行英语听力训练十分重要。

①培养学生前预测的习惯。在进行听力训练前，先看听力题目与问题，了解大致需要听的内容，然后集中注意力听录音中的这个内容。对于这段时间，学生要进行充分的利用。专注于阅读试卷上的听力题。可用于看听力题目与问题的时间很短，稍不注意就会错过，学生要充分利用这个时间段作出正确的预测，可以选择出现重复率最高的单词，预判材料主题，同时结合其他辅助信息，了解听力材料的大致内容。

因此，在听力播放的过程中，应将注意力主要集中在重要信息上，对听力材料的重要内容做到准确地理解。第三部分一般来说是较长的独白。但是它的第一句往往能够对全文主旨起到概括作用，属于中心句。所以，学生需要对听力材料的第一句着重注意，按照主题句对全文内容与结构进行预测，对全文语境掌握。如果没有注重，那么就会造成听的过程当中，被其他无关信息干扰，出现信息混淆的情况，进而产生理解错误。

另外，要按照每种信号词对下面听到的内容进行预测，对文章趋势做到把握。例如 however，on the other hand 表示话题有极大的可能会发生转变，信号词之后出现的内容是所需答案的可能性比较高。预测能力属于极为重要的认知能力，它能够让学生由被动向主动转变，从而让其听力水平得到提升。

②学生需要对听力与速记习惯进行培养。在听力考试的时候，面对大量材料，学生由于紧张，对于听到的内容很容易忘记，头脑空白，对问题没有办法回答。所以在听力过程中，对关键的词语进行标记，通过细节，能够对学生记忆起到辅助的作用，例如时间、地点、任务等。伴随记录内容的增多，所获悉的信息量也在增多。学生能够对信息随时的提取，让自身注意力与说话者保持一致，让参与听力得到提升。对于听力与记笔记，同样要掌握一定的方法，否则会对时间造成浪费，从而对听力造成影响。笔记需要简单明了。相似的技巧有很多，学生要根据自己的喜欢找到适合自己的学习方法，实现高效率学习。

总而言之，学生应该注重对于良好学习习惯的培养，可以结合听说读写种基本能力去实现。学生在学习英语的过程中若能够将这四种基本能力灵活地结合起来运用，会大大地提高学习的效率，从而提高学习成绩。所以，想要提高英语听力水平，我们需要将各种感官相结合，在听力训练中利用多种感官参与完成训练，这会使得训练效果更加稳定和深刻。大部分学生在英语学习中只会采用简单的读的方式，而不会采取相互利用英语交流的方式来学习、训练英语。从长远来看，这会降低学生对语音的敏感性，降低学生的学习英语口语的能力，导致学生越来越觉得听力训练很难，对听力训练产生反感。

所以，在英语学习过程当中，要善于将听说结合，多说多听，多利用英语交流，以说促听，多积累听力技巧。同时，英语阅读对于听力的学习也是很重要的。正确的发音阅读有利于更好地练习口语表达，也有助于对听力中的重音、节奏、速度、语调等的掌握。一般学习方法，是跟着磁带录音大声朗读听力课本，来进行跟学训练。在与磁带中的原声进行对比后，纠正发音错误。多练习正确发音，有利于提高语感和听力水平，增强学习标准发音能力。

此外，听写练习对于锻炼听力也十分有效的。内容丰富有趣的听写训练能够激发学习者的学习兴趣，学生能够充分参与其中训练。因此，在英语学习过程中，要多写多读多说，充分利用读听结合、写听结合、说听结合来学习英语，听说读写相配合，是一种多用途、高效率的听力训练方法。

6. 注重学生语言文化知识的培养

第一，学校应开设专门的语音课和语法课。音标是英语语言最基本的构成元素，决定了发音是否正确、语音语调是否优美，教师利用语音课教会学生正确的发音部位和发音方法。除此之外，教师在授课过程中也要适当地补充语法知识，灌输语法概念。

第二，引导学生记忆单词。任何一门语言的学习都离不开词汇，教师应给学生传授一些有效的方法，如自然拼读法，根据读音规则和词缀来识记等。

第三，学校应该选用一些文化知识丰富的教材，学生在学习过程中便可积累一定的文化背景知识。

第六章　大学英语口语教学模式构建与课程改革

教育部提出了要在大学英语四、六级笔试的基础上增加口语等级考试，明确了英语口语在大学英语教学中的重要地位。口语等级考试的提出促使我国大学英语口语教学模式开始转变。各个高校的英语教师面临着怎样能更快更好地提高学生的英语口语水平这样一个不可回避的艰巨任务。本章分为大学英语口语课程教学现状、大学英语口语教学模式构建、大学英语口语课程教学改革三部分，主要包括学生存在的问题、教师存在的问题、支架式口语教学模式、多模态口语教学模式、大学英语口语课程教学学生层面及教师层面改革策略等内容。

第一节　大学英语口语课程教学现状

一、学生存在的问题

很多学生自身对英语科目的功能十分缺乏了解，甚至觉得学习英语只是因为国家课程设置的要求，自己如果不是有志于涉外方面的工作，在今后的人生中并不会用到这些知识，而且在固定套路下，口语课程十分无聊，学生也就失去了积极性。再加上没有合适的语言环境来进行训练，许多学生对英文句式的逻辑性理解不透，经常会出现用汉语习惯来套英文单词的中国特色英语的情况。除此之外，英语毕竟是另一种文化的产物，在不熟悉外国文化的情况下开口训练，很容易让自信心不足的同学产生畏难的情绪，并且学生之间的相互调笑也容易让学生敏感的心灵受到伤害，打消深入学习的想法。

之所以会出现以上情况，是因为口语交流并不同于一般的知识传授，而是有其特别之处。首先，口语并不能统一进行测试和批改，而是要现场进行，一对一地考查，并且由于学生的情绪和知识储备不一样，所说的句子含义和句意逻辑也都不一样，对于教师来讲，这样的测评过程比较耗费自己的精力和时间，并不容易做到。其次，由于口语测验过于麻烦，许多教师就将其舍弃，而且又因为目前英文方面的考试主要是纸面考试，对学生口语交流的水平不做太多的要求，最终学习成果只通过分数来评价，所以造成了恶性循环，同时也不符合国家的期望。

二、教师存在的问题

（一）口语教学理念存在问题

1. 教师口语水平弱

流利的口语是每位英语教师在口语教学过程中必须具备的一项基本语言技能。英语教师自身素质必须过关，有过硬的口语本领，而不能一味地把重心放在读写上，让学生只注重书面成绩而忽略他们的英语语言应用学习。特别是对大学生而言，教师的口语水平可能会影响他们的口语成绩，在打基础的阶段必须有一个好的示范者和引导者。另外，一位有好的发音教师也会使学生的听力水平有一定的提升，虽然他们在学习中可能不知道教师们说的是什么意思，但是这对他们有潜移默化的影响。

从接受调查的某所学校来看，大部分教师都是经过专业考试进入教师队伍的，毕业于师范院校，而且拥有多年的教学经验，并且他们的专业知识掌握情况也都非常好，发音清晰且到位，课堂上纯英文上课，能够给学生创设足够的情境。但是有一些教师没有受过专业的培训，口语理论知识薄弱，自身的口语意识也不强，发音不够清晰，这样，学生受到教师的影响，语音语调自然不够标准地道。所以，教师不仅要不断提升自己的口语水平，给学生做出良好的示范，也要不断地完善自己的专业理论知识，通过实践进行总结和反思，调整自己的授课方式，激发学生参与课堂的积极性。

2. 教师口语意识弱

目前，大部分教师还停留在以应试为目标的教学，英语教学只是为了应付考试，加之英语考核的方式都是书面的，比较注重英语听力和书写，考查的是单词、句型和语法类知识。而英语口语自然不能引起教师们的重视。教师们一般都是以书本知识为主，教单词、句型和语法，上课方式也基本都是以教师讲授为主。这给学生造成的直接影响就是开口说英语的机会非常少。

教学内容枯燥，缺乏趣味性，教学模式单一，致使学生愈加对此不感兴趣。这种以单词、语法、句型为主，学生死记语法、死背单词的模式是违背学生天性的。学生学习要靠兴趣驱动，好奇心驱动。这种孤立僵化的学习内容和学习模式都不是学生所感兴趣的，学生们自然是怀着一颗好奇心而来，最后垂头丧气而去。

所以，教师要转变观念，时常研读新课程标准，多参加教育部门组织的相关教学改进活动，不断深入学习和研究课程标准内容。

3. 不重视学生的口语输出

调查发现，教师们在上课时使用的还是传统的授课方式，以教单词、语法和句型为主，不怎么锻炼学生的口语，教学中一直是教师处在主导地位，而学生仅是教师的跟随者。从学校没有设立单独的口语课来看，教师和学校都不是很重视学生英语口语的学习。学生在课上的40分钟都得不到练习，课下怎么会有更多的时间去练习呢？况且课下也没有教师在身边可以引导。反观目前的教学效果，学生们读写的能力都非常强，考试成绩也非常好，但是在日常生活中却不会运用，那学的就是哑巴英语，这与英语课程标准所提到的课堂目标相悖。所以，教师在课堂上更应重视学生的口语学习，给学生创设情境和机会，让学生开口表达，只有表达的机会和次数多了，学生的口语表达才会越来越好。

（二）口语教学方式存在问题

1. 教学过程设计不充分

口语教学中教师常用PPP模式进行教学，即演示（presentation）、操练（practice）和成果输出（production）三个阶段。通过对教学过程中这三个阶段的具体情况进行观察，能够看出教师在教学过程中的设计是否充分。

在演示阶段，教师需要选用合适的方式向学生介绍新的语言知识。通过对问卷调查的数据进行分析发现，近半数的大学生英语口语水平仍处于表达困难阶段，甚至一些学生仅能用几个单词做简单的口语表达。而结合学生对教师组织的活动的难易程度的评价，近一半学生认为教师在课堂上组织的任务活动对他们来说是有难度的，说明这部分教师在设计活动时没能很好地掌握班级学生的英语口语水平，对他们的口语水平了解不充分，任务活动的难度超出了学生的最近发展区，教师不能很好地以学生为出发点进行知识内容的讲解。

在操练阶段，教师需要给学生提供练习口语的机会，鼓励学生反复练习课堂上新学过的知识，从而提升语言运用的准确性。通过课堂观察和问卷中学生反馈的数据可以发现，学生是否参与课堂口语活动取决于自身对课程内容感兴趣程度、任务活动难度是否在学生的最近发展区内、班级同伴的参与情况三个方面。这样看来，当课程内容与学生感兴趣程度关联较低、教师组织的任务活动难度超出学生自身水平以及课堂上学生回答问题普遍不活跃时，教师开展口语活动就会比较困难。

在成果输出阶段，教师需要鼓励学生利用学到和操练过的知识，灵活自由地组织语言，完成交际任务。从课堂观察和问卷的数据来看，课堂中留给学生进行成果输出展示的机会比较有限，这就意味着会有很多学生得不到说英语的机会。如果教师不加以调控，容易出现学习成绩好的学生经常参与，学习成绩不理想和积极性较弱的这部分学生倾向于放弃参与成果输出阶段的情况。

2. 教学内容缺乏趣味性

目前，很多教师还是以最传统的"教师说、学生听"的英语教学模式教学，这样虽然实现了教师的主导作用，但是并没有做到以学生为主体。课堂教学中，教师一定要放弃填鸭式的教学。课上教师"满堂灌"，学生参与度低，长此以往，学生就不会再对此课堂感兴趣。

3. 教学评价用语乏味

课堂评价是为了使我们每一位学生能更好更全面地发展。教师作为学生学习的指导者，其评价对学生来说非常重要。那么在大学英语口语课堂中，很多教师对学生的评价用语没有针对性。

在对学生的表现进行积极评价时，一定要夸得具体，不能笼统，而教师们常用的 Good、Great 等词语都是很笼统的表述，这样笼统的表扬就不能达到表扬的目的。而且课堂评价不能只在课后作业中体现，要贯穿在我们整个课堂教学活动中。

4. 课堂任务活动不够合理

课堂任务活动设置得合理与否会直接影响课堂教学效果，合理的任务活动既能吸引学生参与，又可以使课堂形成良好的学习氛围。如果教学任务活动设置得不合理，就会对教学效果产生负面影响，使学生不想参与活动甚至对活动产生抵触的心理。课堂任务活动设置得合理与否可以从任务活动类型和任务活动组织环节两方面来看。

（1）从任务活动类型上看

目前大多数大学英语教师组织的教学任务活动普遍为朗读、复述、对话练习、角色扮演这三种形式，但在长期的英语口语教学过程中仅采用这几种形式对于学生来说比较单调。如果教师没有做到灵活应用教学活动形式，势必会使教学呈现出的效果大打折扣，从而不能很好地激发出学生的学习兴趣，不利于学生学习积极性的提升。

（2）从任务活动组织环节上看

目前大学英语口语教师设置的任务还不够科学，教师在组织任务活动时只关注到整体任务活动中的一部分，没能够将整体应用过程中的每一个步骤都把控到位。有些教师布置的活动任务与课程教学内容和教学目的相脱离，从而导致课堂的教学效果不够理想。还有一些教师制定的活动任务难度较大，没有按照学生的最近发展区设定，学生虽然想参加教师组织的任务，但心有余而力不足，最终导致课堂任务完成的情况不理想，学生容易感受到挫败感，从而导致学习英语口语积极性的下降。

5. 教育模式和考查方式缺乏创新性

在很长一段时间内，英语课堂中的教育模式都是固定的，教师只是机械地把知识在课堂上进行讲述，学生只需要聆听、记忆就可以了，并不能将所学的知识灵活运用到实际生活中。

当前，大部分大学英语教师在进行英语口语教学时，依旧以完成教材上的内容为主，在对学生进行英语口语检测时，也都是从英语教材中提取检测内容，并且口语的考查方式也比较死板。

在这种情况下，学生在进行英语口语交流时，会存在口语表达刻板而生硬的现象，同时，教师也无法测试出学生真正的英语口语水平。这种英语口语考查方式，并不能提高学生的口语表达能力。

6. 教研气氛淡薄

教研活动是教师与教师之间相互沟通、共同交流的一座桥梁，不论在哪个学段，不论什么科目，教研一直是一门课程顺利开展的前提，也是一门课程知识体系和教学内容不断改进的加油站，是促进学科发展、鼓励学科创新的教学方式。通过对一部分高校英语教研组的调查，可以发现不少高校教师的教研活动很少，教师基本上都是单独行动，自己看书备课，每个教师都是独立的个体，没有形成一个统一的体系。之所以出现这种现象，还是与教师平日不注重问题归纳总结有关。

教研是教师发现教学过程中的问题，然后召集相关教师集中研究问题、解决问题的过程。学校教研氛围弱也与学生、教师的口语教学意识淡薄有关，没有高度把握口语教学的重要性，也就不在意如何去改进它了。教研也是促进一位教师从理论型教师向研究型教师发展的一种途径。要想增强教研气氛，就需要我们的教师认识到教研到底能带给自己什么样的成果，教师之间相互鼓励，提高教研的积极性。

第二节　大学英语口语教学模式构建

一、支架式口语教学模式

（一）支架式口语教学模式的定义

20世纪50年代末，认知心理学家布鲁纳（Bruner）首次提出了"脚手架"（又称"支架"）的概念，并用这个词来形容幼儿的口语习得。在父母的帮助下，当幼儿开始学习说话时，他们就具备了学习语言的本能结构。虽然维果茨基（Vygotsky）从未使用过这个词，但当时支持成年人引导学生学习新知识的过程已经被称为脚手架。脚手架代表了大人和孩子之间帮助性的互动，使孩子能够做一些他能力之外的事情。

在应用语言学和教育学中，支架式被定义为一个说话者帮助另一个说话者执行他不能单独执行的功能的对话过程。脚手架实际上是一个桥梁，建立在学生已经知道的东西上，帮助学生了解自己不知道的东西。梅宾（Maybin）认为脚手架预测了孩子心理功能的内化过程。教师通过排序活动，通过高质量的支持和指导，能够了解和提高学生的能力。正是通过参与这些活动，学生们超越了他们现有的能力和理解水平。

（二）支架式口语教学模式的理论依据

1."从做中学"理论

"从做中学"理论无论是对学生发展还是对学校发展都是非常重要的。杜威（Dewey）提倡要把"从做中学"这种理论应用到教学的各种领域中，包括教学过程、教学方法、教学组织形式等。杜威的"从做中学"原则强调在活动中进行教学。在学校教育中，教师可以采用"从做中学"的方法，更好地授课，改变原有的教学方式，使学生英语运用能力得到提高。

2. 元认知理论

元认知概念是 20 世纪 70 年代初，美国心理学家费拉维尔（Flavell）最先提出来的。他指出元认知是"对思维和学习活动的认知和控制"，是以认知过程和结果为对象的认知，或是调节认知过程的认知活动。近些年来，元认知理论在开发学生智力以及教会学生如何学习和思考等方面的作用越来越引起教育工作者的重视。

3. 最近发展区理论

苏联著名心理学家维果茨基依据一系列实验的结果，提出了对学龄期的教学与发展具有重要价值的理论——最近发展区。

研究这一理论对于如何进行新课程改革非常有益。教师借助教学方法、手段，引导学生掌握新知识，形成技能、技巧。要实现这一目的关键在最近发展区域，因此，教学方法、手段应考虑最近发展区。

就支架式教学看来，基于建构主义学习理论提出的一种以学习者为中心，以培养学生的问题解决能力和自主学习能力为目标的教学法和最近发展区理论相关联。最近发展区是支架式教学比较重要的一部分。

（三）支架式口语教学模式的教学环节

基于"从做中学"理论、元认知理论和最近发展区理论，学者们提出了不同的支架式教学步骤。何克抗展示了他的支架式教学的教学环节，是由许多研究人员和教育工作者共同研究出的结果。他的五步模型是搭建脚手架、进入情景、独立探索、协作学习和效果评价。

1. 搭建脚手架

作为整堂课的开端，搭建脚手架这一环节显得尤为重要。在搭建脚手架时，教师要充分考虑到学生的主体地位，坚持学习者中心原则，从学生的最近发展区出发搭建有意义的支架，从而吸引学生的注意力，激发学生的学习兴趣和求知欲，并以此为基础来引领学生跨越他们的难点进入一个更高层次的学习。

搭建脚手架的方式有许多种，教师可以根据教学任务的不同而选择不同的方式。比如，教师可以从问题入手，通过情境、图表、肢体语言、实物等方式将教学内容直观地呈现给学生，从而达到很好的学习效果。在这一环节，学生的需求和学习现状是教师进行支架设计的依据。在此基础上，教师要根据学生的最近发展区以及将要学习的主题内容来设置支架的形式和活动，从而能够最大限度地调动学生的积极性，为接下来其他教学环节的实施打好基础。

2. 进入情境

在这个教学环节中，教师要着重体现情境教学的原则，也就是说教师要根据所学习的主题和教学内容来设置相应的情境。在情境的引导下，让学生身临其境，最大限度地调动他们参与教学过程的积极性。

引导学生进入到情境的教学活动和方式多种多样，例如，教师可以给学生展示视频、图片、歌曲或者具体的实物，从而把学生引入到与本单元主题与教学内容相关的学习情境之中。但是要注意所选取的教学材料要真实，要与学生的日常生活没有太大的差别，要在学生的认知水平范围内，避免出现很多复杂的、超出学生掌握能力的单词。

此外，教师可以在这一环节多次向学生展示教学材料，并且给学生布置一些与主题相关的任务，如果学生不能独立完成任务，教师可以允许学生查阅课本和资料。

3. 独立探索

在独立探索环节中，教师要注重培养学生的自主学习能力。在之前的教学环节中，教师已经搭建了基本的支架，一步步引导学生深入了解知识点。因此，当学生进行口语交际时教师不需要提供过多的指导和帮助，而是应该鼓励学生独立探索，并引导学生在交际时发展口语策略，这样有利于他们在真实环境下有意识地使用语言，提高自主学习能力。

在这个阶段，教师可以设置一些环节让学生使用英语表达自己的观点，也可以让学生与教师进行问答，在问答过程中表述自己的观点，锻炼语言思维，培养口语策略，提升口语能力。

4. 协作学习

新课标中明确指出要以学生为中心，鼓励学生自主学习。在协作学习这一环节中，教学更注重合作学习的原则。与传统的教学方式不同，协作学习中教师不再是课堂的中心，而是课堂的引导者、控制者、信息提供者，学生的主体地位愈发明显。

经过上一环节的独立探索，想必学生还有一些没能够独立解决的难题。面对这一现象，协作学习则为学生再一次思考问题、解决问题提供了机会。在该环节中，教师根据不同学生的学习水平合理地将学生划分为不同的学习小组。在小组讨论环节，成员们需要使用英语将自己独立探索时得到的收获和未能解决的问题说出来并邀请小组成员共同解决。

最后，小组内专门负责资源整合的同学作为代表向全班汇报该小组的学习情况。这样一来，学生不仅解决了自己的问题，而且还学到了他人收获的知识，这有利于培养学生的合作学习意识，同时在小组交际和全班汇报中小组成员的口语交际能力得到锻炼。

5. 效果评价

在经过独立探索和协作学习两个教学环节之后，大部分学生在一定程度上已经完成了教师所安排的学习任务，这时，为了让学生更加了解自己的优点与不足之处，就需要对学生的表现进行总结评价。

在这一教学环节中，教师不是唯一的评价主体，也不能采用单一的方式对学生进行评价，而是要着重体现评价主体多元化的原则。在每个小组的代表发言结束后，教师可以邀请其他小组进行互评，全班同学都可根据评价结果表达自己的看法。最后，再由教师做一个总体的评价和补充。

在之前的教学模式中，学生也许并没有形成对别人或者自我进行评价的习惯。因此在该环节，教师要注重评价的方式方法，关注学生的情感变化，鼓励学生开口表达自己的想法。对于学生的闪光点要多给予肯定和表扬，满足学生的成就感。在对学生的不足之处进行指正和补充时要注意用词，以鼓励为主，不要打压学生，帮助学生建立自信。

二、多模态口语教学模式

（一）多模态口语教学模式实践研究

韩丹指出，口语教学过程中的多模态互同是学生、教学课件、教师以及网络平台之间的互动，学生与多模态语境自然融合，形成一种自然的语言学习机制。

韩佳根据模态间协调的基本原则以及口语教学的特点，提出将一堂口语课划分为情景体验、多元习得、能力拓展、实践演练四个部分。

潘海燕阐述了多模态口语教学中的视频模态有利于帮助学生融入情景，激发学生开口说英语的欲望，并指出要引导学生进行各种类型的活动，如复述、讨论、小组活动等。

任红锋讨论了多模态教学模式具备的优势，总结了涵盖课前、课中与课后三个阶段的教学模式。

学者姜慧玲叙述了两个班级中多模态口语教学模式的使用情况，包括学生桌椅的摆放位置、教学的教学模式以及学生的活动形式。甲班采用了传统的倒 U

型座位方式，教学模态主要为关键字的展示、洪亮的声音、丰富的体态，学生的活动形式有短剧表演、对话；乙班采用投影仪播放音乐、PPT、电影片段等，进而得出教学中这些言语模态以及非言语模态能够相互作用，提高学生的口语学习效果的结论，但是该研究没有给出具体的教学参考模式。

周瑞珍和肖艺指出，多模态的大学口语教学模式中，教师的角色应该从传统的控制者转变为设计者，利用好音频、视频，实现这些模式之间的互相融合。学生也应该成为积极的学习者，教学活动应新颖有趣、生动自然。

高德新和于秀金利用当下网络环境建构了包括课内与课外教学、学生评价与教师科研、档案袋评价的教学模式。

邢宏提出了网络环境下应该实现传统口语教学与数字化学习的优势互补，并指出具体的操作是"导学＋自主学习"，实验证明该设计符合学生的实际学习状况。

曾健敏和傅彦夫探讨了多媒体环境下集课堂面授辅导、网络自主学习、课外个性学习测试于一体的教学新模式。

李晓东、张虹、曹红晖提出了构建以电子档案为口语学习模式，实验结果表明学生在提高了自己反思能力的同时，口语综合水平也有所提高。

王慧君和王海丽从多模态的角度建构了翻转课堂教学模式，即课下学生自己学习多模态资料，完成作业，课上进行评价，小组互动。

以上学者对于多模态环境下英语口语教学的研究内容比较宽泛，研究不够深入，缺少对具体教学方法与多媒体技术的研究，理论叙述比较多，实证研究比较少，不具有较强的推广性。可以说这些学者论述比较全面，但是重点不够突出，还不能探索出一个可供参考的有效范式，因此缺少实际操作中的可借鉴性。

（二）多模态口语教学模式的理论基础

1. 输入、输出理论

二语习得研究中的输入、输出理论深刻地影响着外语教学。克拉申（Krashen）的输入假设认为学生应该最大程度地融入目的语环境，从而能大量地听到、读到、接触到语言学习材料，同时这些学习材料应是学习者通过自身努力能够理解、掌握的语料。输入假设还认为，有效的语言教学应该给予学生丰富有趣的学习材料，帮助学生实现对输入材料的进一步语言加工。

输出理论指出，仅仅依靠输入促使学习者掌握并习得语言，几乎是不大可能的。语言输入与语言输出之间应该相互平衡，缺一不可。在输入的基础上，很有必要进行语言的输出实践活动，输出体现为学习者将头脑中以语言思维为单位的语言认知意义转化为以概念为核心的句子的语言形式。学习者通过输出实践意识到自己的语言弱势和问题，进而有针对性地对这些语言进行修正、调整、重组、反思，从而完善语言表达。

输入、输出理论强调为学生提供有趣、真实的语言输入，学习者在理解输入材料的基础上，通过教师设计的有目的性、有计划性的教学活动进行语言输出，将听的技能、说的技能甚至是翻译的技能有机结合在一起，真正实现语言综合技能的整体提升。同时输入、输出理论强调使用各种不同的教学手段来引起学生的注意，调动学生的情绪，帮助学生更好地融入课堂，显然传统外语教学模式在这方面的做法还不够完善。何高大认为，相比于传统的教育模式，新媒体技术的应用能够使学生学得更多、更快、更好。

2. 多模态话语理论

哈里斯（Harris）对话语的规律进行了分析，提出了话语分析理论，同时揭示了话语分析与认知之间的关系。多模态话语理论则是将话语分析理论的范围扩展到其他的意义表现形式，如图像、颜色、动画等。多模态话语理论基于韩礼德（M.A.K.Halliday）的系统功能语言学，以韩礼德提出的功能语法为基础，提出语言具有三大元功能并认为多模态符号起到的作用与语言符号的作用相同。多模态话语指融合多种模态符号资源，如语言、图像、声音等多种手段进行交际的现象。正如一位学者指出的，"在社会科技快速发展的今天，只注重语言文字是远远不够的"。

传统意义上被忽视的副语言符号，如颜色、图形、声音等，也是意义建构中不可缺少的部分，它们和语言一起共同建构意义。多模态话语理论强调图像、音乐等模态在意义表达中的重要性。勒文（Van Leeuwen）指出，"多模态话语指交流活动中不同模态的混合体，同时也表示不同的符号资源被调动起来，在一个特定的组合中共同构建意义的各种方式"。

多模态话语理论应用于口语教学，正是多模态话语与外语口语教学的完美结合。在大学英语口语教学中，教师要在将多媒体技术与多模态结合，集文字、图像、视频、动画等于一体，多种模态共同完成意义的建构。传统口语教学由于缺少多种模态的介入，学生多处于被动的地位，很难清楚地表达出自己的意思。多模态则可以利用多种模态建构意义的方式为学生提供多元的口语表达环境，帮助学生学会更多的交际话语，如多模态图片在交际中可以刺激学生想象、联想的能力，帮助学生表情达意。

第三节　大学英语口语课程教学改革

一、大学英语口语课程教学学生层面改革策略

学生方面的主要问题是学生整体的口语能力堪忧。受中国传统文化的影响，中国人大多内敛含蓄，所以在英语口语学习中，学生总是害羞、焦虑、不愿开口。一部分学生因为口语能力较差，所以极度不自信，不论是在课上还是课下都不愿开口。还有一部分学生缺少学习动机，在口语学习中表现出缺乏学习兴趣、学习积极性较差等特点。所以，要想有效提高口语能力，学生自身就要做出相应的努力，克服害羞、焦虑心理，大胆开口，努力学习，注意平时的积累与练习。

（一）克服焦虑、害羞心理

在调查中发现，一些学生在课上不积极发言，课下也不愿用英语和同学们交流，也有许多教师反映有的学生较少开口、害怕开口。可以看出，大部分学生在平时是排斥开口说英语的。对于英语学习者来说，使用不熟悉的语言，难免会紧张和害怕，但是不能一味退缩，应努力克服这种紧张、害怕的心理，调整好心态，不要将成功与失败看得太重，更不要与他人攀比，要相信自己可以做到，我们最大的敌人永远是自己。在口语交际的训练中，要关注自己的进步情况，关注一点一滴的进步，也可以将自己的每一点进步都记录下来用来激励自己，慢慢建立自信心，尝试大胆开口，真正做到勇于表达。

（二）多听、多读英语原版材料

根据克拉申的语言输入假说，第二语言的习得需要输入大量的可理解性材料。仅仅依靠课上所学的知识来进行英语口语的学习是远远不够的，需要在大量阅读中积累语言知识。学生在听和读的过程中不仅会输入大量的英语语言材料，也会习得正确的语音语调。丰富的词汇储备是进行口语交际的基础，学生若是缺乏必要的词汇储备，那么其英语口语交际就会困难重重，学生也很难在表达的时候做到发音清楚、意思明确。所以，依据克拉申的语言输入假说，学生在日常学习活动中要注意多读、多听来增加可理解性材料的输入，为口语交际打下坚实的基础。

(三)勤于练习英语口语

根据斯温（Swain）的语言输出假说，在第二语言的习得中，仅仅依靠大量的语言材料输入是远远不够的，还需要有大量的可理解性语言输出。与此同时，要充分发挥语言输出的注意功能、检测功能和元语言功能，随时检测自身输出语言的结构和意义，并及时加以改正。所以，学生在平时勤加练习英语口语是非常有必要的。

但是，部分大学生的知识储备还不足，在初期可能不能流畅地用口语进行表达，所以学生可以先从读开始练习。不论是词汇量储备不足，还是语言知识不够用等问题皆源于学生读的东西太少。在读的时候要出声音，在这个过程中，学生的眼、口、耳都处于工作状态。眼睛可以在读的过程中注意单词的拼写，积累词汇量。耳朵在读的过程中可以听到嘴巴发出的语音语调是否标准，一旦发现问题即可立即调整。这个过程既可以增加学生的词汇量，扩展学生的视野，还能练习语音语调，为学生流利地进行口语交际打下坚实的基础。

在后期，学生的词汇量能够支撑其进行简单的口语交际之后，就要在真实的语境下锻炼英语口语了。学生可以自主选择自己感兴趣的话题在课间的时候和同学讨论，也可以利用在家的时间给一些简单的动画电影配音。

二、大学英语口语课程教学教师层面改革策略

(一)提高教师的专业素养

1. 加强理论学习

理论指导实践、理论结合实践是任何教学科目都需要遵从的。对于英语口语教学来说，首先就要让教师时常去更新自己的理论知识，然后把掌握的理论和自己的亲身实践相结合，用理论去指导自己的实践，在实际教学过程中学以致用，融会贯通，让理论与实践相辅相成。

其次，教师还要改变以应试为目的的课堂教学活动，课堂教学活动要始终围绕学生，在平时的教学活动中，把自己定位为辅助者，让学生成为语言学习的主要参与者。这就要求教师既要尊重学生的主体地位，尤其对于这种以说和表达为目的的学习模式来说，教师设计的教学活动要生动有趣，如一些好玩的游戏、角色扮演等，激发学生参与的积极性，并创造机会让学生去练习；还要给学生创设良好的教学情景，例如，在学习水果这一部分时，教师就可以带领学生进入超市，拿真实的水果对学生进行口语教学，让学生用英语询问价格及重量等，在学习植

物或动物时,可以去到植物园或动物园,亲身观察和讲解,让学生在实际场景中表达。

2. 提升自身口语水平

大学英语教师的口语水准直接影响学生的口语水准。教师是学生学习的指导者,是学生们的标杆和榜样。一位教师,如果其口语发音到位,学生自然能听清楚,学习到的也都是纯正的发音,自然在口语表达时也能做到原汁原味,但是如果我们的教师本来自己的口语水平就一般,学生又处于英语基础较为薄弱的时候,就会被教师的口语发音带跑偏,这对学生的影响是巨大的。

很多教师在上英语课时,并没有做到全英文上课,而是涉及书本内容时说英文,与学生互动或者交流时就说中文。这在很大程度上是因为教师本身对自己的英语口语不自信,担心发音不够标准。所以,这就要求教师不断地提升自己的口语水准,增强自己上课时的自信心,这样才能给学生做出正确的引导,增强学生学习英语口语的积极性。教师平时应该多听英文原版音频、多听原版英文广播以提高口语水平,只有自己的英语口语水平提高了,学生在学习口语的过程中才能得到实质性的口语输入。

(二)优化教师课前准备工作

工欲善其事,必先利其器。教师对课前准备的重视程度会影响课堂教学效果。当前一部分的大学教师忽略了学生的学情,直接进行教学设计,脱离了学生当前英语口语水平和潜在发展水平,容易造成学生在课堂学习过程中跟不上和听不懂的情况。目前仍有一部分教师在进行英语口语教学时忽略了在课前进行情境创设,一部分进行情境创设的教师,由于对学生的了解较少,也会存在创设的情境脱离学生兴趣或超出教学内容范围等问题,效果还不够理想。

针对课前准备不充分的问题,大学教师在空闲时间可采取多研读与英语教学法相关的书籍和文献、研读英语口语模范教师的教学案例以及观摩其他英语教师的课程等方式进行学习。

在进行课前准备工作时,教师可以对学生进行摸底测验,监测学生的英语口语水平。对班级学生英语口语水平有所了解后,根据班级学生的学习情况、学习兴趣、学习风格结合教材内容的重难点,有针对性地进行教学设计。

教师可以在上课前提早几分钟进到教室,与班级学生闲聊或交谈,这有助于让学生有意识地调整精神状态,使其上课时能够快速进入学习状态,提高学生对英语口语课堂的关注。

（三）创新口语教学活动形式

教师在组织教学活动时可以将教学内容与学生兴趣有机结合，例如，教师可在与教学内容相关的欧美电影中选出一个片段让学生进行配音；还可以让学生自己写剧本，表演英文情景剧等。通过设置学生感兴趣的教学活动，彻底激发出学生对英语口语的学习兴趣，让学生期待英语口语课堂，主动参与到教学活动中从而有效提升自身的口语水平。

（四）优化课堂教学内容

古语道："知之者不如好之者，好之者不如乐之者"。教学内容要符合学生生理和心理特点，遵循语言学习的规律，力求满足不同类型和不同层次学生的需求，使每个学生的身心都得到健康的发展。而兴趣是促使一个学生主动去学习的主要因素，如果课堂教学内容生动有趣的时候，就一定能够促使学生产生更大的学习兴趣。

大学阶段的学生往往热衷于了解新事物，面对书本上的知识，如果只让学生死记硬背，而不进行引导性的趣味学习，长此以往，学生们就会觉得英语学习十分枯燥无味，甚至部分学生会产生没意思、不想学等厌学的心理。兴趣一直是推动人们探究事物的原动力，因此，教师要时常站在学生的角度，让有趣的教学环节贯穿在有限的课堂中，给学生们创建有利条件，尽自己最大的努力去提高学生对英语学科的兴趣。

口语课堂本身就是一个相对开放的课堂，只有大家一起张口说，课堂效果才会显现出来，这也就对课堂内容有了更高的要求，教学内容的设计就要十分有趣。大学的口语教学一定要以兴趣为出发点，让学生从有趣的事物里接收枯燥的知识。

大学口语课堂前、中、后的内容设计都要符合这个年龄段学生的身心特点。例如，课堂前期可以通过相关的歌曲或者影视剧片段来引入，让学生们先对本堂课的内容充满期待，这样在活跃课堂氛围的同时，也便于随后的知识讲解；课堂中期教师可以指引学生在回顾课前相关活动的过程中，张口模仿所学的新词语；课堂后期就可以更开放化了，可以让学生自由交流，甚至让学生与教师交流，加强他们对知识的掌握程度，也可以让他们自由发挥。

（五）优化课堂教学评价体系

课堂评价是英语教学过程中的关键，良好的评价体系可以提高学生口语表达的积极性。科学的评价体系是实现课程目标的重要保障。所以，教师在对学生进行评价时一定要有强烈的主观意识，不能一概而论，同时要有多样的形式和多种表达方式。

首先，教师在评价学生时要多鼓励少批评，必须肯定学生做得好的地方，口语表达中的错误也要在不伤害学生积极性的前提下指出，因为大学生此时已具备自己的性格特点，不再完全服从和听命于教师，有自己的自我意识。同时，教师要多鼓励、多赞扬性格内向的学生。

其次，在评价学生时，一定要具体问题具体评价，要指出学生这次的口语对话好在哪里，有理有据。

最后，评价也要适度，教师自己心中要有一个"度"，既不能挫伤学生的积极性又不能让学生自信过头。

（六）科学合理地设置任务活动

大学英语口语教师在设置教学活动任务时，应该先了解班级内学生的英语口语水平，确保设置的活动任务难易程度适中，以防学生见到任务就失去信心。教师还要做好教学活动任务的分解工作，给不同水平层次的学生设置不同的任务，保证任务的难度在学生的最近发展区内，让每个学生清楚完成任务所需的步骤和方法，使班级学生都能够参与到活动任务中，让基础好的学生"吃饱"、基础弱的学生"吃好"。口语教学的活动任务应贯穿整个教学过程，教师在其中担任引导者的角色，对于顺利完成任务的学生给予一些奖励。学生在获得完成任务的满足感后，逐渐找到学习英语口语的信心，从而实现口语水平的提升。

（七）为学生提供足够的课堂参与机会

教师应充分尊重学生的个体差异，关注到每一位学生，做他们的良师益友，给予学生充分展示的机会，让学生成为英语口语课的主角。在课堂时间分配上，以学生的"练习"为主，以教师的"讲解"为辅。

利用大部分的课上时间让学生练习英语口语，教师要关注到班级全体学生，提高学生学习的效率，并给学生提供更多的课堂活动参与机会，鼓励学生都参与到课堂活动中，让学生即学即练。提升英语口语最简单有效的方法就是多说多练，只有通过大量的口语练习，才能够切实有效地提高口语水平。

（八）优化师生间的沟通交流方式

由于多数大学英语教师课时量较多，加之学校安排的日常工作，教师课后与学生的交流时间比较有限。在这种情况下，教师可以安排课代表以不记名的方式对教师课堂教学的意见进行收集，让学生通过这种方式与教师沟通交流，让教师了解哪些内容和活动方式是学生喜欢的、哪些内容学生学习起来比较困难。使学生有渠道向教师倾诉和反馈，教师能够更好地了解学生的意见。

除此之外，教师可以多布置小组合作的听说类作业，让学习基础好的学生担任组长，学习基础弱的学生在组长的帮助下完成作业，在学习中遇到的问题由组长汇总提交给教师，使学生们在完成作业的过程中既能提升团队合作能力，又能实现英语口语能力的逐步提升。

（九）优化学生口语练习的环境和时间

口语练习时间严重不足是当前大学生口语学习面临的困境之一，为了解决学生口语练习时间较少、口语学习环境缺乏等问题，学校方面需要做出相应的努力。

1. 增加英语口语教学时间

影响口语练习时间的最主要因素就是教师的教学时间。英语课堂时间紧迫，教学任务繁重，在课上练习口语的时间严重不足，造成了学生在校期间的口语练习活动严重匮乏，不利于学生英语口语能力的有效提高。

为此，学校领导要高度重视，单独开设英语口语课程，这样不仅可以降低英语教师教学时间上的紧迫感，缓解教师的教学压力，而且为学生提供了大量的在校练习时间，既增加了学生的英语口语材料输入，又为学生提供了大量的实际操练机会，保证了足量的语言输出。一些学生家长的英语水平较低，在家里并不能对学生的英语口语进行辅导，这时学生的英语口语练习则主要在学校进行，所以学校应努力为学生提供充足的口语练习机会与时间。

2. 丰富英语口语课外活动

丰富多彩的口语活动不仅可以吸引学生的注意力，调动其参与的积极性，而且还能增加学生在校的口语练习时间。大部分大学生都活泼好动，好奇心强，在教学中可以充分利用学生的这些特点，设计适合他们的活动。

在校内，可以经常举办口语演讲比赛、英语故事比赛、英语话剧表演等活动，充分调动学生的兴趣，鼓励学生积极参加，使其在参与活动的同时锻炼英语口语。在设计活动时，要充分考虑学生的性格特征，活动既不宜太难，也不宜太过简单。与此同时，活动还要努力兼顾趣味性和可参与性，充分体现全员参与的活动原则，让每一位学生都能有机会参与其中并能通过参与活动得到锻炼与成长。

3. 营造英语口语交流环境

学习语言离不开一定的环境。良好的语言环境可以为学生提供真实的语境，为学生提供一个进行口语交际的场所。语言输入假说认为理想的语言材料输入应该具备非语法程序安排的特点，要保证学习者的语言习得是在语言环境下潜移默化进行的，而不是通过语法教学进行的。

英语是一门交际性极强的语言，英语口语能力的提高依赖于在真实的语言交际中不断练习，通过不断地实践与练习可以掌握口语交际的技巧与方法。但是目前我国的现状是缺乏口语环境，学生平时几乎没有练习机会，所以学校为学生营造良好的英语口语文化环境是非常有必要的。文化对人具有潜移默化和深远持久的影响，所以在教学中不能忽视文化对学生的影响。从校园文化氛围入手，营造利于学生学习英语口语的氛围，这对学生英语口语能力的提高是非常重要的。对此，学校可以从多方面入手。

（1）校园内的环境布置

学生们每天都有一半的时间是在校园里度过的，他们都在感受着校园文化的熏陶，所以在校园环境的布置上花一些小心思就可以增强学生学习英语口语的动机。在布置校园环境时，可以通过悬挂校园英语标语的方式来潜移默化地影响学生，在校园内的每一个角落都可以悬挂英语提示语，这样一来，不论是课上还是课下，学生都能受到英语文化氛围的影响。

（2）教室里的环境布置

班级氛围对学生的影响也是不容忽视的，在每个班级建立英语角是当前许多学校都在做的事情，班级英语角的设置为大学生们提供了一个用英语交流的园地。在这里，学生们可以畅所欲言，自由发挥，尽情地讨论他们喜欢的话题，即使在交流中出现失误也不会受到批评和指责。但是值得注意的是，在刚刚开设英语角的时候，可能会出现由于学生英语口语能力较差而不能顺利地交流的情况，这时，教师应鼓励学生从点滴积累开始。日常英语词汇和短语的积累、地道的英语表达的积累都是能提高口语能力。

除此之外，在开设英语角的初期，可以先让同学们从简单的话题开始练习或从课上学习的内容开始。比如，在学过各种运动之后，就可以在英语角上进行"Talk about your favourite sports"的活动，同时还可以为学生提供一些有关运动的新单词，如此一来，不仅巩固了课上所学的内容，还扩展了学生的词汇量，促进了学生对运动知识的了解。

其次，还可以在班级后面的黑板报上为英语开辟专栏，学生们可以献言献策，做专栏的小主编、小作者，让他们根据自己喜欢的话题自主确定每一期的主题，每一期稿子都由他们自己撰写。通过这样的方式，增强学生的小主人翁意识，充分调动学生的参与热情和学习积极性。在参与的过程中，学生可以积累大量的英语语言知识，丰富自己的知识储备，为将来的口语表达奠定坚实的基础。

（3）充分利用校园广播台

校园广播台也是英语口语学习的好机会。学校可以通过建立英语广播台的方式，对学生进行英语文化的熏陶。校园英语广播台的主持人要由高年级里英语口语能力非常好的同学来担任，其目的一方面是为学生们提供发音标准的英语广播，另一方面是为学生们树立榜样，激发学生提高口语能力的积极性。

广播台播放的内容可以是当天所发生的时事政治新闻，也可以是与学生生活息息相关的趣事，让学生在了解国家大事的同时积累一些与生活相关的英语知识。校园英语广播台的建立不仅对增加学生英语单词储备量有着积极影响，而且还对学生听力能力的提高以及英语语音语调的纠正有着积极影响。英语口语来源于生活，最终要应用到生活中去，所以，在学生每天生活的环境中渲染英语的文化氛围对学生英语口语能力的提高来说是十分必要和有效的。

第七章　大学英语阅读教学模式构建与课程改革

  大学英语阅读教学的首要目标就是帮助学生提高阅读能力。在大学英语四、六级考试改革之后，英语阅读理解的篇幅随之增多，可见其对大学生英语阅读能力的要求也越来越高。现有的大学英语阅读教学模式已经逐渐无法满足学生的发展需求，因此，大学英语教师必须积极转变教学模式，进一步加强对学生英语阅读能力的培养。本章分为大学英语阅读课程教学现状、大学英语阅读教学模式构建、大学英语阅读课程教学改革三部分。

第一节　大学英语阅读课程教学现状

一、学生层面

（一）词汇匮乏

  目前，大学生的词汇量要求是 2500 个单词。词汇的学习需要注重数量与质量，即学生在学习词汇时既需要了解其字面含义，也需要通过语义了解词语在语境中的含义。事实上，一部分大学生在记忆英语单词时仅注重汉语意思，无法有效在语言环境中灵活运用单词。而词语理解得不细致，往往会导致学生无法有效进行语法结构的梳理，无法理解英语文章的意思。

（二）缺乏阅读技巧

  很多高校的学生在英语阅读过程中会存在阅读速度很慢的问题。首先，很多学生会盲目阅读，无法依据材料问题对文章进行精读与略读，导致其阅读效率低下；其次，学生在阅读过程中只注重逐个单词的理解，缺乏对文章词组、意群的分析，进而导致阅读速度慢的情况；最后，学生因担心理解错误，会出现重复阅读一个句子的情况，进而导致无法快速地把握词语以及段落的含义。

（三）缺乏阅读兴趣

我国高校学生的英语基础薄弱，其在英语学习过程中往往会因成绩的落差而丧失信心。不仅如此，大学生在英语阅读时存在意志不坚定，阅读时半途而废的情况。

二、教师层面

（一）教学理念固化

首先，教学目标不明确。在每学期伊始，承担英语阅读教学任务的教师会告诉学生本学期的教学任务以及最终目标，但并未告知学生每一小节的英语教学目标，导致学生并不熟悉所学内容的目标。

其次，高校在英语阅读的教学过程中以教科书为主要教学材料，注重英语基础知识，很少涉猎课外的英语阅读，导致教学内容缺乏趣味性和时代性，且难以符合学生的个性特点，因而往往难以达到预定的教学目标。

此外，高校教师在英语阅读教学过程中，大多都忽略了背景知识对英语阅读理解的影响，在课堂上，往往会对阅读材料中的重难点词汇、语法进行详细讲解，而很少补充与阅读材料相关的背景知识，不利于学生对英语基础知识的掌握。

（二）文本解读浅尝辄止

葛炳芳指出："只有通过对阅读教学进行充分研究特别是文本解读才能改进阅读教学，以改变阅读教学中语言与信息等剥离的'两张皮现象'"。教师对文本进行解读是确定阅读教学目标并设计阅读教学活动的基础与前提。通过课堂观察发现，当前阶段部分教师对文本的解读主要存在以下两方面的问题。

其一，在进行文本解读时，大部分教师十分依赖教学参考书上所提供的解读范例，教参上是如何对文本进行解读的，教师就默认为该文本就是应当按照这样的方式解读。在带领学生进行阅读时，教师也会引导学生向这样一个方向解读，久而久之，学生会习惯一篇文本只存在某一种特定的解读方式，导致文本解读的方式和结果比较单一。

其二，从不同的角度解读文本，就会得到不同的结论，这就导致教师在把握解读的"度"的问题上存在困惑。在调查过程中，一些教师在进行文本解读时有意识地想要跳出教参的桎梏，他们会通过查阅文本相关信息等方式实现自身对文本更加深入、多元化的解读，但由于没有掌握好解读的"度"的问题所以导致对文本的解读或浮于表面缺乏深度，或偏离主题，解读过度。缺乏深度的文本解读过多集中于对文本中事实性信息的剖析与咀嚼，未达到透过现象看本质的目的。对文本的过度解读脱离了文本主题，浪费了教师与学生的宝贵时间与精力，事倍功半。

（三）阅读教学模式单一

教学模式是推进教学内容的主要方式，在很大程度上影响教学质量。首先，新一代大学生是在自由、平等的多元化思想环境中成长起来的，其个性奔放、自由，向往活泼、生动的学习方式，而当前大多数教学课堂则较为枯燥乏味，且坚持教师在教学中的主体地位，制约了学生的个性发展。

其次，大多数教师简单地认为大学英语阅读教学就是讲解词汇、词组，补充语法、句型等基础知识，因而在教学中逐字逐句地分析课文内容，不厌其烦地讲解语法知识，而忽略了对学生英语阅读能力的训练，因而导致学生英语阅读能力有所偏重。例如，在英语阅读的训练中，学生更喜欢做与语法、词汇相关的题型，而不愿意做综合填空、阅读理解等题目。

此外，教师在教学过程中过分重视英语单词、词组等内容，并将学生的词汇量作为衡量学生英语能力的重要标准之一，导致学生将英语学习等同于对单词、句型等基础知识的背诵，在英语学习过程中，往往手持英语词典、语法书籍进行背诵，这种机械式的英语学习方法无益于学生英语综合能力的提高。

（四）阅读教学模式形式化

大学英语阅读教学以阅读文本为单位展开，不同的文本因其文体不同而各具特点，其所蕴含的育人功能也不尽相同。譬如，信息类的文本更加注重对学生的信息攫取能力的训练，而论说类文本则更加强调学生对论点、论据的分析能力及批判性思维的训练。

因而，教师在进行阅读教学时应当紧密结合阅读文本的特点，针对不同类型的阅读文本采取多样的阅读教学方法及模式。然而，现阶段的阅读教学模式十分形式化，这种形式化具体表现在两方面。

教师在选取阅读教学方法及模式时，考虑的并不是阅读文本及所面对的学生，而是所谓的常规课与公开课。在教师的潜意识中，英语阅读课的课型应当是常规课与公开课这两大类，进而针对阅读常规课与阅读公开课而选取相应的阅读教学模式。在实体课堂的阅读教学中，教师所采取的阅读教学模式是常规、保守的，不管是阅读知识点的讲解，还是对文本相关内容的拓展，教师多采取传统的讲授式模式，也不会借助多媒体等手段进行辅助教学。然而，在进行网上录播课时，由于这些录播课多是公开课的形式，阅读教学模式则丰富、灵活许多。此时的阅读教学模式不再是单一的讲授式，教师会有意识地设计各种各样的活动来辅助自己的教学。另一方面，针对这两大类型的阅读课，教师基本按照 warming up — pre reading—while reading—after reading 的模式展开教学。在这种模式中，教师一般先通过图片、音频等方式导入话题，再让学生根据文本标题或图片进行读前预测，然后再按照先粗读再细读的顺序设置一些问题让学生回答，最后进入读后讨论环节。按照这样的模式，教师对每一篇文本的处理方式都大同小异，最后呈现出的英语阅读课也犹如流水线上的产品，阅读教学变成了一种形式化教学，丧失了其自身的魅力。

三、学校层面

（一）阅读教学重点浮于表层

阅读文本作为语言符号的集合，让学生通过学习阅读文本进而获得语言知识是阅读教学的重要目的之一。但应当注意的是，阅读教学对学生的发展价值绝不能仅限于帮助学生获得词汇、句法等语言知识，学生的能力、思维、价值观的发展也不能被忽视。

现阶段部分教师在进行阅读教学时最关注的依旧是阅读文本中的语言知识，过于强调学生掌握文本所涉及的重点单词、语法，而忽略了对阅读文本的解读与挖掘。这样的阅读教学几乎等同于词汇教学与语法教学，完全让阅读教学失去了原有的价值。部分教师在进行阅读教学时也会对文本的内容进行讲解，但对于文本内容的探讨与拓展相较于对词汇、语法的讲授依旧十分有限，很少会引导学生对文本进行深入的探讨或思考。并且，在大学英语阅读教学中，课后作业都是以语言知识点的掌握与巩固为主，课外布置的阅读语篇也都是以习题的方式进行，于是，现阶段的大学英语阅读教学依旧被语言知识教学所支配。从大的层面来说，这种阅读教学是片面的，因为其只关注到了学生在知识层面的发展，而忽略了在能力层面、思维层面、价值观层面的发展。从小的层面来说，这种知识层面的教学也是单一、不深刻的。学生通过阅读教学所获得的知识应当是包括语言知识、策略知识、文体知识及文化知识在内的综合知识，而非单纯的词汇、语法等语言知识。现阶段的大学英语阅读教学重点单一聚焦于语言知识的讲授，忽视了阅读教学对学生的发展价值，也让阅读教学停留于片面化、浅层次阶段。

（二）阅读教学的评价与反馈不到位

教学评价是教学过程中的重要一环，它能够帮助学生及时发现自己的学习问题，也能督促教师不断完善教学环节。然而，在当前的大学英语阅读教学中，教师对学生阅读能力的评价与阅读学习的反馈有待进一步完善。在当前的大学英语阅读教学中，教师对学生阅读学习情况的评价主要是基于学生练习题的正确率。学生的正确率高就意味着其对于此篇阅读文本的理解较为完备、准确，反之，正确率低意味着学生对该文本的理解并不到位。

这种阅读评价方式导致教师在课堂之后的作业布置环节，清一色地采取题海战术训练学生的阅读能力，也让学生认为英语阅读学习的目的就是完成英语阅读练习题，甚至许多学生在面对没有阅读问题的文本时无从下手，不知道该如何去读，读什么内容，为何而读，阅读教学完全失去了其应有的教学价值。同时，这种评价方式也极易造成教师对学生阅读学习的反馈不到位。教师给学生布置的作业是阅读语篇并完成习题，学生由于课业任务繁重，极易对此任务采取敷衍态度，并未阅读语篇就随意对习题进行勾选，教师在检查时也只是通过习题正确率来判断学生对该文本的理解程度，倘若学生的答题正确率高就不再对文本进行讲解，进而忽略了许多未理解深入文本内容的学生。许多学生对此苦不堪言，他们认为教师只会给他们布置阅读任务，但缺乏反馈与讲解，久而久之他们的阅读兴趣也逐渐降低。这种学生敷衍、教师忽视的反馈模式造成了一种恶性循环，学生的阅读能力并未得到真正提高，阅读教学也并不能发挥出其应有的促进学生发展的功能。

（三）英语阅读教学环境建设不足

英语阅读教学内部环境建设方面存在诸多问题，以下具体从生生关系、师生关系和学生心理情况等方面展开详细论述。从生生关系来看，学生课堂表现受众多因素影响，彼此交流感受和经验的时刻不多，除阅读学习外，缺乏充分的情感表达与交流。从师生关系来看，受传统教育影响，英语阅读教学模式以填鸭式教学为主，学生更倾向于台下听讲和做阅读笔记，导致师生之间缺乏有效的课堂对话以及深入的情感交流。从学生心理情况来看，大学英语阅读的教材内容难度较高，涉及大量生词、高级语法和长难句，导致学生存在不同程度的阅读焦虑，这会对学生阅读水平的提高以及生态意识的养成造成一定影响。

第二节 大学英语阅读教学模式构建

一、自下而上的教学模式

自下而上的教学模式起源于19世纪中期，是一种传统的阅读理解理论，亦称为文本驱动（text-driven）的阅读教学模式。该模式认为阅读是从字词的解码开始直到获得文本的意义，即阅读是一个从对字母和单词的理解开始，再到对短语、句子的理解，最后到对段落和篇章的理解，直至把握作者意图，理解全文的过程。同时，该模式认为，阅读中的困难主要出现在文字层面上，只要读者掌握相当的词汇，具备迅速解码的能力，就能达到流畅理解的程度。这一模式解释了信息加工中的线性模式对阅读的影响，但没能说明阅读过程中各种信息之间的相互作用，只是停留在字、词、句这样的线性理解层面上，忽略了读者可能会从语篇以外的地方去提取有关信息并对它进行加工的情况，因此这一模式也存在一定的局限性。

二、自上而下的教学模式

自上而下的教学模式最早出现在20世纪60年代后期，是在认知心理学的影响下发展起来的教学模式。该模式以概念知识和背景知识为先导，强调让读者把先前的知识和经验作用于阅读文本，整个阅读过程包括猜测、预测、验证预测、修正预测和调整预测等，被认为是读者与文本或者说是读者与作者交互对话的过程。根据这种"自上而下"的观点，背景知识比词汇更重要。经历不同，对文章的理解也会不同，因此阅读之前背景知识的激发可以促进对文章的理解。

三、交互作用的教学模式

20世纪80年代，卡雷尔（Carrell）等人提出了交互作用的教学模式。他们认为阅读是同时运用各个层次的信息加工能力来重构信息的过程，即不仅是运用背景知识的过程而且也是运用语言知识、辨别语言形式的双向过程。"自下而上"的模式和"自上而下"的模式都把阅读过程视为一种单向传递信息的过程，而该模式是以上两种模式的结合。交互作用的教学模式不仅没有忽略单词和短语的解码能力、迅速捕捉关键信息以理解阅读材料的重要性，而且还强调了背景知识、上下文预测的重要性。该模式是一种较为科学的模式，因此深受人们的喜爱。

第三节 大学英语阅读课程教学改革

一、大学英语阅读课程教学的价值

（一）充分发展学生认知

心理学认为，人类在获取信息之后，通过编码、储存、提取、使用这一系列操作获得对信息的认识。根据建构主义教育心理学家皮亚杰的认知发展理论，个体通过同化与顺应实现认知结构的不断发展。心理学对个体认知发展过程的解释给教育教学工作者与研究者一定的启示，教师在教学的过程中不能仅关注学生是否获得了知识，更应该关注学生对知识的加工与处理方式，让学生的认知结构不断得到完善与发展，逐步形成对周围世界的独特认识。大学英语阅读教学为学生获取知识与信息提供了重要渠道。大学英语阅读教学所强调的是让学生将通过阅读所获得的知识进行进一步理解与加工，最终获得深刻的认知。结合郭元祥教授提出的知识的内在结构，学生通过深层次的知识学习所获得的认知发展应该包含四大板块：语言认知、策略认知、文体认知及文化认知。

首先，应当基于对阅读主题相关词汇知识、语法知识的学习，让学生的语言认知得到发展。在此过程中，大学英语阅读教学也会让学生掌握常见的阅读策略知识，如如何画关键词、找主题句及根据上下文完成词义推测等，发展其策略认知。

其次，基于语言知识与学习策略，大学英语阅读教学应引导学生跳出独立的文本角度，让学生对同一类文体的文本特征进行总结与辨析，探讨其背后的逻辑。

最后，大学英语阅读教学将从文化的角度，通过让学生掌握与阅读话题相关的中外文化知识，如历史地理、风土人情、价值观念等，发展其文化认知。因而，大学英语阅读教学从语言认知、策略认知、文体认知及文化认知等着手，全面而深入地发展学生的认知。

（二）培养综合语言能力

知识是实现能力发展的基础，除了能让学生获得认知发展之外，英语阅读教学的另一重要价值在于对学生综合语言能力的培养。大学英语阅读教学所培养的学生综合能力可以划分为阅读理解能力与语言应用能力两大类。

阅读理解能力是个体通过阅读获取新知识、拓宽视野的基础能力，能够有效促进个体发展。阅读理解能力高的学生可以通过个性化的阅读理解，实现与文本的对话，也能在阅读过程中与作者进行思想上的沟通、情感上的交流以及思维上的碰撞。

其中，阅读理解能力的核心是"理解"，即学生以文本为中介，从心理上去体验他人的心理、作者的写作心理，还原作品原意的过程，同时也是基于自身已有的认知、经验对文本内容进行再加工，实现新的意义建构的过程。学生的英语阅读能力具体表现在能够对英语文本进行信息提取、体会探究以及品鉴赏析。

英语阅读能力具有三个层次。第一个层次是学生刻意识别和辨认文本内容，知道文本在"写什么"；第二个层次是学生能够对阅读文本进行进一步的分析，理清文章的思路脉络，了解文本是"怎么写"的；第三个层次是学生能够对文本的内容进行进一步的整合分析，把握文本的主题意义、作者的写作意图，了解"为什么写"。现阶段的英语阅读教学更多地将教学重点聚焦在文本语言与文本内容层面，在教学中对词汇的讲授、写作手法的分析投入的时间与精力比较多，对学生的英语阅读能力的培养停留在第一层次与第二层次。而英语阅读教学强调在对阅读文本语言知识进行深刻处理的基础上，关注语言符号背后的逻辑与文化，帮助学生在进行阅读学习过程中，从语言到内容再到文化，层层深入，最终打破现阶段大学英语阅读教学对学生阅读理解能力的桎梏，切实提高大学生的阅读理解能力。

语言学习的最终目的之一就是能恰当、有效地使用语言，即提高学习者的语言综合能力。美国著名语言学家巴克曼（Bachman）认为："语言能力包括语言的组织能力和语言运用能力。"虽然现在的英语教学在不断进行改革与尝试，语言运用能力在英语教学中的地位得到提升，但在实践教学中，学生运用所学知识的情境与场合并不多，只能通过试卷将所学知识体现出来。并且很多时候，学生在阅读文本时对语言信息的理解停留在表面，不结合上文阅读语境对所获得的字面信息进行深入推敲分析，造成了诸如中式英语（Chnglish）等错误表达形式。大学英语阅读教学，既强调对阅读知识的深刻处理，先将知识内化，也重视知识的迁移，强调学生在思考与理解知识之后能够将其运用在具体的情境与场合中，实现知识的外化。

这种阅读理解能力与语言运用能力由浅入深可以分为以下几个层次：信息获取能力—信息加工能力—信息运用能力—元认知能力—评价鉴赏能力。学生在获取到文本信息之后通过整合概括、解释转化、分析论证、推理判断对文本信息进行深层次的加工，最后将其运用在其他情境之中，解释新情境中的场景，表达新情境中的思想，解决新情境中的问题。同时，在培养学生信息处理能力的过程中，大学英语阅读教学也注重发展学生的元认知能力，强调让学生通过多渠道寻找资源辅助自身的阅读学习，并能够在阅读结束之后对文本内容、对自身学习进行自我反思，及时调控自身的阅读学习策略，调整自己阅读学习计划。最后，着重发展学生的评价鉴赏能力，要求学生基于对已有文本的理解与分析，结合自身的认知与经验，对阅读文本的内容、作者的观点等进行价值判断，并能从鉴赏的角度对阅读文本的语言风格、组织形式、情感主旨等进行赏析，最终综合而全面地提高学生能力。

（三）发展学生思维品质

阅读教学不仅是学习语言的载体，更是培养思维的载体。新课标更是将思维品质列为英语学科核心素养的重要组成要素，这足以说明英语教学对发展学生思维的重要性。若将英语阅读文本视为一个集合，毫无疑问文本中丰富的语言文字符号是这个集合的重要组成元素。文本集合中的语言文字符号与文本之外的文字符号的最大区别在于前者是按照一定的顺序排放的，后者是一种杂乱无章的陈列。因此，阅读文本集合中除了最显而易见的语言文字符号是其组成元素，将这些语言文字符号串联起来，组词成句，连句成段，布段为篇的隐形逻辑也是其重要组成部分。由于英语是不同于我们本族语言的外语，英语阅读文本中文字背后的逻辑也有异于我们的本族逻辑，大学英语阅读教学蕴含着丰富的发展学生思维的潜能。同时，大学生正处于认知发展阶段中的形式运算阶段。教育心理学家并未对这一阶段的具体心理认知进行区分，但作为教师应当明确两点。一是大学生的思维能力相较于初中阶段有了明显提升，其逻辑思维能力有了一定的发展，所以教师在对大学生进行思维训练时的思维训练任务需要有一定的难度，不能过于轻松容易。二是由于生活阅历及其他相关因素的限制，大学生与心智发展已十分完备的成年人相比，其思维的深刻性与全面性还不足。因此，教师在设计思维发展目标时也应当考虑学生的可接受水平，更有针对性。大学生的身心发展规律对思维发展有着强烈的现实诉求，英语阅读教学为满足这种现实诉求提供了可能。

大学英语阅读教学强调在阅读过程中不仅关注语言知识符号这种显性元素，更要深入符号背后，洞察符号与意义之间是如何进行串联的。教师在进行阅读教学时要关注学生的阅读思考过程与阅读体验，引导学生通过自主探究的方式不断深入文本，对文本进行分析，锻炼自己的思维能力。这种阅读教学不仅强调对阅读文本进行深层次解读从而发展学生思维，更强调个性化解读及批判性解读，从而使学生的思维更灵敏、更活跃。

大学英语阅读教学对学生思维发展的价值主要体现在两方面。一是教会学生成为会思考的人是英语阅读教学的重要价值取向，因而，阅读教学要求教师在英语阅读教学活动中有意识、有目的、有针对性地对学生的思维进行训练，发展学生思维品质。二是阅读教学所强调的对学生思维能力的培养是让学生实现从低阶思维到高阶思维的转变。常规的教学要求学生对文本信息进行识别、记忆、复述、再认，对文本信息进行浅层次的套用和模仿，阅读教学强调对学生思维的逻辑性、批判性、创造性的培养，要求学生能够对阅读文本进行深刻的解读，能够提取文本信息、整合文本内容、理解文本内涵并合理利用文本信息；能够评鉴文本的写作手法、情感态度与观点意图，而非一味认同；能够对阅读文本进行解读，在多样的自我个性化解读的过程中发展学生的思维品质。

（四）提高学生文化意识

语言与文化存在着紧密的、不可分割的联系。一方面，文化的符号就是语言，语言的本身就是文化，语言不可能离开文化单独存在，"如何得体地将语言知识和技能运用到日常生活中，文化素养和底蕴是保证"；另一方面，文化属于语言的上层结构，语言能够通过修辞、模式、结构等对文化产生一定的制约、影响。

英语阅读文本对提高学生文化意识的助力表现在两方面。一是英语阅读文本承载着丰富的知识，学生通过阅读可以接触并了解到这些英语国家中与我们不同的文化知识。譬如，学生在接触介绍西方传统节日的阅读文本时，可以了解到西方这些节日的习俗、历史由来，更能通过了解文化知识，感知西方人民对节日、对团聚的看法。二是阅读文本知识背后所蕴含的文化与价值观念。譬如，在英语中数字13被视为一个不吉利的数字，学生通过对这条信息进行深入分析可以了解到其原因，关注到语言知识背后的文化价值。

传统的大学英语阅读教学或局限于对语言知识的表面分析，并未深入背后对产生这种现象的深层次原因进行分析，忽视了阅读教学的文化价值；或错误地将英语阅读教学中的文化知识等同于文化意识，将对学生文化意识的培养视为让学生掌握相关的文化知识，从而忽略了让学生对文化知识进行内化。深度教学所强调的英语阅读教学，并不是局限于对文本所涉及的文化知识进行梳理与传授，而是在强调学生对文化知识理解、吸收之上，经过自身的消化，在思维、语言、行动等方面做出变化，从而形成自身全新的文化意识。

学生通过英语阅读接触到了大量的外国文化，再加上自己从出生到后续的成长发展阶段一直所浸润的中国传统文化，两种不同的文化价值观对学生的跨文化交际能力是一种挑战，对学生形成正确的文化取向也是一种诉求。大学英语阅读教学帮助学生提高文化意识的落脚点和最终归宿就是帮助学生建立起正确而稳定的文化取向。这种文化取向首先在于面对中外文化不同点时形成的文化包容，即能够对中外文化中的不同点持尊重包容的态度，既不排外、也不崇洋媚外。其次是在充分了解中外文化的基础之上形成的文化认同，能够对本国的民族传统文化价值给予充分肯定。最后，阅读教学旨在帮助学生树立起对中华文化引以为豪的坚定信念，对实现中国梦的必胜信心，并在实践中积极主动弘扬中国传统文化。

二、大学英语阅读课程教学的改革策略

现阶段大学英语阅读教学依旧存在阅读教学知识面浅、教学模式形式化、文本解读浅尝辄止等问题。这些问题使得当今的大学英语阅读教学滞留于向学生灌输语言符号知识的浅层次阶段，严重阻碍了全面提高学生综合能力的阅读教学的落地与开展。为了解决这些问题进而改善大学英语阅读教学现状，大学英语阅读课程教学应当以阅读文本为依托，促使英语阅读教学发挥其价值。首先，教师要充分挖掘课内外阅读资源，切实保障文本质量。其次，教师在解读文本时需带领学生进行立足文本、深入文本、超越文本的层次式、多角度、审辨式解读。最后，在根据文本设计阅读教学活动时，教师要以生为本、融会贯通，做到教学有法、教无定法。

（一）挖掘课内外阅读资源

阅读教学以阅读文本为中介，因而大学英语阅读教学实施的前提是有恰当的阅读文本作为阅读数学的内容与素材。大学英语阅读教学所使用的文本主要是教材所提供的阅读文本以及教师在教材之外为学生所补充的文本。通过前期的调查可知，多数教师认为现阶段教材所提供的阅读本文质量欠佳，束缚了大学英语阅读教学的实施。针对这一现状，教师首先应当转变自己对教材文本的态度，研读教材，在充分挖掘文本阅读教学价值的基础之上，拓宽渠道，精心为学生补充课外阅读文本。

1. 研读教材

教材是教育教学专家根据国家相关教育政策、学科课程标准、学生身心发展规律以及教育教学实践现状所编制的，是具有较强的专业性、较高科学性的学习材料。英语教材中所提供的阅读文本是教师开展阅读教学的最主要资料来源。为了使教材能够更加贴近学生生活，广大教育工作者也在不停努力，不断对教材进行修订与更新。但这种修订与更新是一个慢工出细活的缓慢过程，所以不可否认，由于时代的飞速发展，教材的更新速度未能跟上时代发展的速度，这就导致教材中的某些文本内容稍显滞后，没能十分贴近学生的实际生活。但这绝不能成为教师停留于阅读教学表面、不实施深度阅读教学的理由与借口。教师不能盲目地视教材为至高无上的法则与宝典，同样也不应当一叶障目，因为某些缺点就对教材中的阅读文本嗤之以鼻。教师应当以理性、善意的眼光研读教材，充分挖掘教材中的阅读文本的教学价值，实现对有限资源的无限化运用。

教师在研读教材、挖掘教材中的阅读文本的价值时，不仅要关注文本的工具性价值，而且也应当挖掘文本的人文性价值。2011年旧版的英语课程标准更多的是关注语言的工具性，重视英语作为沟通交流工具的价值，强调语言知识与技能的结合，重教书、轻育人。2017年新版课标提出英语教学需落实学科核心素养，这种转向预示着英语教学不仅要重视学科的工具性价值，而且也应该要关注到学科的人文性价值，强调了学科育人的思想，即凡有所学，皆成性格。但在教学实践中，一部分教师在研读教材文本时，仍把文本对学生语言发展的价值作为首要的衡量标准。通常情况下，教师会以一篇文本是否包含了重要的语言知识点或文本语言是否比较有特色、是否能够让学生学习到实用的写作表达手法为标准去判定其价值的高低。正如郭元祥教授所说的"尽管学科育人功能蕴含在知识和学习之中，但如果仅仅把知识作为学习的对象和目的，孤立地开展学科知识教学，无视学科知识教学与学生发展的生动关联性，必然会消解学科的育人功能"，这种一味追求文本的语言知识对学生的发展价值的做法是片面且不明智的。从本质上来看，不管是培养学生的学科核心素养，还是使学生获取全面深刻的知识、提高综合能力、发展高阶思维并最终形成正确的文化取向，其最终归宿都是培养会做人做事的、有幸福感的、能够创造美好生活的人。这种追求是大学英语阅读教学的最终诉求，这种诉求需要通过阅读文本实现，因而也是对教师研读教材、挖掘阅读文本教学价值的起点要求。教师在研读教材阅读文本时，单纯地将文本对学生的语言发展价值放在首位，无法满足实现这一终极目标的需求，阅读文本中所蕴含的深刻的主题意义、语言背后的文化观念对于学生的人生观、价值观的影响与塑造也应当被教师关注。教师应当在衡量阅读文本工具性价值的同时，关注文本的人文性价值，保障阅读文本质量。此外，教师还可以对教材中的阅读文本进行适当整合，对教材进行二次开发，从而实现对有限资源的无限利用。

2. 拓宽渠道

教师在对教材中的阅读文本进行充分研读、深度挖掘之后，可以对教材中的阅读文本进行适当补充，提高大学英语阅读教学的广度，更好地满足学生的阅读需求。当然，教师对课外阅读文本的选择并不是盲目的、漫无目的的。教师在对课外阅读文本进行筛选时一味追求阅读文本数量而不关注文本质量的做法是不可取的。为提高阅读教学的质量，教师在选取课外阅读文本时应当做到以下两点。

首先，教师在挑选课外阅读文本时应当在兼顾学生最近发展区的同时，确保文本具有适度挑战性。郭华指出：深度学习发生的前提是具有挑战性的学习内容。这说明提高大学英语阅读教学质量的前提是阅读文本具有一定的挑战性。许多教师简单地将挑战性等同于难度，这种难度主要体现在学生没有学过的、不太熟悉的内容之中。不可否认的是，阅读文本的挑战性与文本自身的难度系数有关，如文本的篇幅、主题、所含生词量等客观因素，但绝不可将挑战性等同于文本自身的难度系数，还应当考虑文本的内容在英语学科中所处的位置及其对于英语学科阅读教学这一板块而言是否具有挑战性与必要性。

阅读文本的挑战性应当在与学习的主体（学生）的参照中得以显现。让学生学习其从未接触过的含有生词的文本，抑或是对学生来说不太熟悉的主题的文本，这是阅读文本从某一个角度（认知的角度）对学生提出的挑战，实施阅读教学所选取的阅读文本还应当在思维方式、情感态度、价值观等方面都具有挑战性。譬如，大学生的逻辑思维已发展得比较完备，此时，若选取内容非常浅显直观的文本，即使其生词量较大，对于学生来说也不具备挑战性。因此，教师应当对文本自身的难度以及学生的认知、思维、情感、价值观等方面进行综合考虑，最终筛选出对学生来说真正有挑战性的阅读文本。

教师应当对学生在教师帮助下所能达到的未来阅读水平有深入的了解。研究表明，将文本的词汇负荷设置在98%文内已知词汇覆盖率的水平可以实现相对流畅、快乐的阅读。而高水平的学生在阅读文本时只能达到90%的文内已知词汇覆盖率。这也就意味着如果以每行10个单词来计，学生在每行都会碰到一个生词，这对于学生来说阅读难度比较大。若教师一味追求文本的挑战性，而忽略了学生的最近发展区也是得不偿失的。若用"i"表示学生现阶段的阅读水平,从阅读文本应具有一定挑战性的角度来说,教师所选取的文本应当是"i+a"难度。但基于学生的最近发展区,此处的"a"应当是一个变化的区间,教师需要根据学生的实际情况对此处的"a"值进行调整,让教学引领学生的发展,最终实现深度阅读教学。相反,教师忽视学生的最近发展区,一味追求阅读文本的挑战性,只会与深度阅读教学背道而驰。

其次,教师在挖掘课外阅读资源时应当通过多种渠道保障文本的丰富性。其必要性主要体现在以下三点。

其一,不同类型的文本的语言风格、文体特征、主题思想不尽相同,对学生在认知、能力、思维、价值观等方面的发展也各有侧重点。譬如,说明类的文本主要是让学生掌握相关的信息,了解自己未知的领域,更多的是促进学生认知维度的发展;而小说类的文本依靠独特的人物形象与有趣的故事情节能够更好地培养学生的英语阅读兴趣,更有利于学生情感与思维的发展。因而,阅读教学所强调的全面的知识、综合的能力、高阶思维以及正确的价值观需要这些不同类型的文本相互补充、相互配合。

其二,保障阅读文本的丰富性在实现深度阅读教学的同时也能在现实的角度与考试进行有效的接轨。学生在现阶段所面临的文本类型是丰富多样的,常见的有说明文、应用文、议论文、记叙文及小说等。在日常的英语阅读教学中选取这些不同体裁的阅读文本实施深度教学,可以让学生熟悉这些不同体裁的文本的特点。

其三,篇幅限制及教学目标的要求。学生所接触到的教材上的文本或者其他阅读文本很多时候都只是节选的某个完整语篇的一个片段,这种节选使得文本的完整意义被割裂,不利于学生掌握文本的整体意义。张光陆指出:"英语深度阅读不同于传统的一篇一篇地割裂式阅读,应是一种主题整合性阅读。"这种现实呼唤及实施英语阅读教学的精神内核要求教师在选取阅读文本时应当尽可能保证阅读文本的丰富性。

此外,对于课外阅读的文本选择,除了常规的学校所订阅的报纸、课外读物等纸质版文字形式,手机公众号的推文、演讲类的相关英文音频、视频等都可以是阅读文本的来源。这种多模态的阅读形式也更能缓解学生的学习压力,提高阅读兴趣。

（二）优化教师课堂提问

1. 优化教师课堂提问策略

（1）明确提问目的，重视提问准备环节

多数教师认为大学英语阅读课堂提问是为了提高学生专注力，检测学生对篇章的理解程度，进而调整教学节奏；也有少数教师不明确英语阅读课堂提问目的，忽视学生思维能力的培养，随意进行课堂提问。预设课堂提问是备课的重要组成部分，这也从侧面反映出准备课堂提问的重要性。有些教师在阅读教学中的某一部分喜欢随意向学生提问。针对这种教师，如果教师在课前对自己要提问的问题心中有数，学生也能积极作出回答，让学生收获知识。在大学英语阅读提问准备环节，教师需要考虑多种因素，其中最考验教师的一点是综合考虑学生基础和教学内容进行提问设置。要做到二者的有机统一，教师应该不断加强自我提升和锻炼。紧扣教学目标和提问目的性，精心准备英语阅读提问环节，就能够一定程度避免脱离篇章内容或者表现出英语阅读课堂提问的随意性，进而提高教学效率，在有限的教学时间中，最大程度地实现教学目标。

（2）尊重个体差异，丰富提问类型

在课堂观察过程中发现，教师提问的展示性问题多于参考性问题。展示性问题是教师已经知道答案，检测学生是否也知道的问题。展示性问题大部分是对篇章内容信息的考查，从而锻炼学生获取信息的技能。如 Do you know what the river is from in this picture 这一类相对比较简单的问题，教师在大学英语阅读教学过程中可以鼓励学习能力较弱的学生进行回答，提高他们的学习兴趣。参考性问题则是教师事先不知道问题答案，学生回答促进师生交流的问题。比如："Why do you think people all over the world want to learn English?"面对参考性问题，师生共同交流，开拓彼此的知识面，实现互动。学生可以依据英语阅读文章的主题、背景、语言知识去表达对问题的看法和观点，从而达到与人交流和沟通的目的。面对这一类问题，教师可优先考虑学习能力较好的学生进行回答，起到榜样示范作用，鼓舞更多学生参与到英语阅读讨论中来。

一个班级是由学习能力不同的学生组成的，教师首先要尊重这些个体差异，再进行问题设计，最后再面向不同的学生提问，而不是偏爱成绩好的同学，忽视成绩差的学生。教师也不能唯成绩论。作家纪伯伦曾说："大殿的角石，并不高于那最低的基石。"以语篇为单位，学生不光要学习英语阅读中的语言知识，还要学习英语阅读传递的文化和价值观。教师设计问题时在立足英语阅读篇章的同时，可以囊括相关的知识，让学习能力不同的学生都有回答问题的权利。

展示性问题和参考性问题并没有一个特定的评判标准。在教学中，教师可以混合使用两类问题。展示性问题是对旧知的回忆和呈现，对学生的能力要求较小，而参考性问题一般是在篇章阅读后，对文章进行进一步讨论和延伸，可以拓展知识，实现真正意义上的交流。大学英语阅读教学是一个循序渐进的过程，应依据学生的认知水平和学习特点，遵循相应的规律。

（3）加大课堂参与度，使用多样化提问方式

从课堂观察中发现，集体提问的方式在阅读教学中占比最大，由于课时紧张，应用集体提问的方式可以节省课堂时间。相比之下，自愿回答和点名提问的方式相对较少。集体提问有着不可替代的优势，面向的提问对象范围广，节省教学时间。但它的最大的问题是教师无法准确了解学生对知识的掌握情况，多数情况下的阅读教学是被动的缺乏主动参与的教学。在教师访谈中发现，多数教师倾向于个别提问，原因是：可以实时了解学生掌握情况，以便随时调整阅读教学节奏；学生的回答具有示范性，吸引更多学生主动积极参与课堂；提醒学生注意听讲。大多数学生喜欢教师使用鼓励性的话语进行提问，这也是学生对教师话语的期待。同时，教师在提问过程中，更倾向于前四排的同学，而对后几排的同学提问较少。在这一问题上，教师首先要认清这一现象背后的原因，让更多学生参与课堂教学，教师在课堂提问时要对提问过和未参与的同学进行简单记忆，在课下与不经常回答问题的同学进行面对面交谈，找到原因，鼓励他们多多参与课堂教学，增强他们的自信。

在师生不进行多种课堂提问的方式利用的情况下，首先，教师应该注重课堂用语和课堂指令，避免模糊不清，阅读问题类型应该精心设计，面向不同学习能力的同学，使用鼓励性语言进行发问，加强对学生思维能力的锻炼。其次，学生应认真完成预习任务，避免因预习不到位错失回答的机会；在听课过程中应该专心致志，紧跟教师的步伐，遇到提问时应踊跃举手发言。最后，教师应该给予学生客观合理的反馈，保持他们的回答热情，构建良好的师生关系，营造积极向上的课堂氛围。

（4）提高教学效率，给予学生合理思考时间

研究发现，教师在大学英语阅读课堂提问后一般等待时间不足3秒，在这样的情况下学生回答的答案多为单词或者短语，甚至如果学生在有限的课堂时间中无法回答，教师会直接转向下一位学生。大多数学生认为在阅读教学中，当他们暂时回答不出问题时，教师很少会继续等待，他们无法拥有足够的时间进行回答。

多数教师表示，课时限制和教学内容导致无法给学生留太多的思考时间，害怕影响教学进度，积压教学任务。

托宾于 1986 年指出："等待时间延长，教师的问题数量会减少，教师问题的质量会发生变化，教师倾向于提问探究性的问题。"因此，适当延长等待时间可以提高教学效率，对学生的学习和教师的教学带来一定的帮助。吴旭明（2016）指出，提问水平也有高低之分，只有高质量的提问才能促进教学。而提问中等待时间的长短是影响提问质量的因素之一，所以教师要注意等待时间。由此看来，教师的等待时间应综合考虑多种因素，如提问数量和指令等。在课堂等待时间方面，教师在课前需要甄别提问大概的等待时间，将问题精简，不同类型和难度的问题需要不同的等待时间。课堂教学不是个人的独角戏，在等待时间上可以和学生及时沟通，在适当的等待时间中促进学生思维的拓展；课后做到及时反思，和同事交流探讨，逐渐找到适合学生的英语阅读课堂等待时间。

（5）帮助学生提高自信心，实施有效反馈

教师在学生回答后，出现"无反应"的现象较为突出，教师没有任何评价性语言，直接进入下一阅读教学环节。有的学生会受到教师的表扬和肯定，但是反馈用语相对简单，如表扬用语为 Very good、Excellent、Good，肯定用语为 Yes、Okay 等。在当前教学中，教师教学反馈意识不够，忽视了教学反馈的积极作用。彭豪祥（2016）指出，课堂教学评价作为课堂教学的导向标杆，有利于"唤醒"学生的内在学习动力，激起学生的学习兴趣，提升学生的探究欲望。

在阅读教学过程中，教师对学生的反馈是不容忽视的。首先，教师需加强有效反馈意识。其次，在学生回答后，教师应该明确说明学生的答案哪些部分值得表扬、哪些部分值得肯定、哪些部分需要进一步补充，教师的反馈使学生对自己的回答情况有更清晰的认识。与此同时，教师在进行反馈时也要遵循客观性、真实性的原因，切勿让表扬适得其反，影响学生内部动机。再次是教师话语。教师话语的表扬和肯定需多样化，而不是单一的语言。比如，重复学生答案并进行拓展和补充，这样的方式既是对学生答案的肯定，也能保持学生回答的热情。最后，教师应合理客观地进行评价，课堂的评价应是真诚、有价值的评价，这样才能真正使教师反馈带来积极效果。

2.优化教师课堂提问实施条件

（1）开展相关培训

在新课标下，教师面临许多的挑战，优化教师英语阅读课堂提问实施条件，还需相关外界力量的帮助和扶持。因此，学校或者有关教育部门，也应该重视英语阅读课堂提问，可以适当开展相关培训，邀请相关领域的专家开办讲座。教师在研读课标之余，继续进行理论知识的学习，将理论与实践有机结合起来。

（2）教师提升自身综合技能

在英语阅读教学中，教师不应只立足课本内容，应结合英语的工具性和人文性，提高学生的综合能力。因此，作为教师应该不断增强自身语言能力，实施全英教学；正确看待中西文化差异，做优秀文化的传播者；在课堂教学中，善于使用英语阅读课堂提问策略，让学生收获知识、获取合理评价，保持良好的学习动机。

（三）关注学生阅读过程

1. 立足本文

在保障阅读文本质量的基础上，教师需要对文本的语言、内容、主题等进行解读，从而帮助学生把语言的学习和意义的探究融为一体。教师对英语文本的解读程度、解读角度体现了教师的专业素养，也决定了阅读教学活动的方向。基于前期的调查，在大学英语阅读教学中教师对阅读文本的解读存在着缺乏深度以及单一性问题，教师在开展大学英语阅读教学时需要对文本解读这一环节十分重视。为促进深度阅读教学的落地，教师对于文本解读"度"的把握关键在于要立足文本本身进行解读。教师立足文本进行解读需要做到以下两个方面。

其一，立足文本意味着教师对于文本的分析与解读是全面、综合的。要做到全面综合解读的前提是教师需明确文本解读的具体内容。对此，教学研究者们也基于自身研究从不同视角进行过探讨。顾敏认为教师对阅读文本的解读有语篇体裁、语篇结构、语篇语境及语篇语言四个维度；蔡美莲认为教师可以从文本特征、文本结构、文本语言三方面对文本进行解读；张建认为文本解读包含对文本背景、结构、信息三个维度；新课标也提到教师研读语篇应当对语篇的主题、内容、结构、语言、作者观点等进行分析，进而回答 what（文本内容与主题是什么）、how（文本是如何组织的即文本的文体特征、语言特点、结构是什么）、why（作者为什么要写这样的一篇文章即文本的深层含义是什么）三个问题。已有的这些对于文本解读的研究存在着许多共同点，譬如都强调了文本的内容、语言及文本的主题意义。教师立足文本进行全面综合的解读应当做到以下几点。首先，教师需要从语言、思维、文化等角度全面分析文本内容，挖掘文本的多方面教育教学价值。然后，明晰文章的内容和主题（主线）并梳理文本明线与暗线。其次，聚焦语言的表意功能，建立语言的意义与相应的语言形式的关系。最后，围绕主题，建构结构化的语言知识网络。

其二，立足文本的解读强调教师对于文本的分析不是以个人的生活经验为依托，而是强调文本 evidence（证据）。这也就意味着教师对于文本内容、文本主题意义、文本语言、文本结构所做出的价值分析与判断不是个人的臆想，而是从文本中寻找出蛛丝马迹来支撑自己的观点。有了文本证据的支撑，教师对文本的解读才不会出现偏离主题甚至解读过度的问题。教师在对文本进行解读的过程中可以采用笔记标记法对证据进行标注，在开展阅读教学的过程中也可让学生沿用此方法标记出文本中能够支撑自己观点的细节，同时在课堂上的师生问答环节，面对学生的回答，教师应当引导学生立足文本进行解读。

2. 深入文本

阅读教学的逻辑起点是充分解读文本。教师通过立足文本，基于文本证据对阅读文本进行全面综合分析，可以掌握文本的主要内容及显著特点。接下来，教师需要深入文本，对文本进行审辨式解读（critical reading）。所谓审辨式解读也可称之为批判式解读，强调在解读过程中解读者不盲目接受文本观点，能够对所接收到的文本信息进行合理分析，形成自身观点。但由于在实际教学过程中，教师容易对"批判"二字的理解存在偏颇，许多教师认为对文本的批判式解读就是一定要对文本内容或作者观点提出质疑与批评。因而，为了避免教师因为名称问题走入这种为了质疑而质疑的误区，我们将批判式解读称之为审辨式解读。审辨式解读的最终状态是能够对文本提出质疑，并提出不同于他人的新的观点。学生对于阅读文本的审辨式解读更集中表现以下三个方面。

首先，阅读文本作为承载丰富信息的载体，文本呈现出来的信息是独立于学生的意志而客观存在的。学生通过对文本进行解读接收到了这些信息，但深入文本要求在教师的引导下学生能够对获取到的文本信息做出自己的独立思考与价值判断，通过自身的思考将文本信息加工成自己的观点。

其次，这种观点可能是片面的、一时的，不正确的，所以教师需要引导学生对文本的某些细节进行再解读、再认识。俗话说，书读百遍，其意自现。实现大学英语阅读教学要求，师生对阅读文本的解读一定是反复多次的，绝非一蹴而就的。通过这种反复、多次的解读，学生可以针对某一个细节进行深入、多角度分析，不断审视自身的观点。学生也可以通过反复、多次阅读，关注到上一次阅读过程中不曾关注到的细节，挖掘更多有意义的切入点，加工出更多自身的观点，从而使自身观点的质量与数量都得到提升。并且，在此过程中最关键的一点就是通过这种反复、多次解读学生可以对自己的逻辑进行梳理，用自己的逻辑将自己的观点与文本呈现出来的信息进行串联，从而实现自身观点的有意义化。

最后，审辨式的文本解读强调教师自己及在教学中引导学生对文本的发散性、多元解读。调查发现，教师在对阅读文本进行解读时存在着过度依赖教参最终导致文本解读单一的问题。庄志琳也指出：文本解读的视角会给解读者带来不同的理解与体验，进而影响教师的教学设计思路和学生的阅读学习效果。关于如何做到对文本的多视角、多元解读这一问题则可以回归到文本解读的多个维度，可以从文本的词汇、组织策略、文化观念、思维逻辑等方面进行发散性思考。同时在教学中，教师也应向学生传达出文本解读没有所谓标准解读理念，在引导学生对文本进行多角度解读的同时对于学生的个性化解读，只要是有理可依、有据可循的，都应当给予肯定与赞赏。

3. 超越文本

语言是文化的一种表达形式。文本由一系列文字组合而成，文字作为语言的一种符号，可见文字符号背后所承载的是意蕴丰富的文化。实现英语阅读教学的目的之一是将学生培养成能够热爱并积极传承我国优秀的传统文化，拥有正确文化取向的人。热爱与传承的前提是学生能够对我国的文化有深刻全面的理解，同时也不能故步自封，应当秉持国际视野，对世界其他民族的文化也有所了解。由于英语学科的特殊性，英语阅读文本承载英语国家的文化观念，这种文化是不同于我们本族文化的一种独特存在，对于学生来说是新奇的，特别的，也是对学生所浸润的文化的一种补充。因而，教师通过立足文本实现了对文本的全面综合解读，通过深入文本对阅读文本进行审辨式解读之后，应当超越文本，从文化鉴赏的角度对阅读文本进行解读。

当然需要明确的是，这种超越文本并不是意味着脱离文本，而是指不再局限于文本的语言符号、文本的结构特征等显性维度，而是深入到文本背后，感悟语言中蕴含的思维、情感、文化等隐性维度。在这一层面的文本解读中，教师需要做的就是将文本中蕴含着隐性价值的显性信息进行自我加工，建构出用于教学的"新言语"。

搭建起学生与文本之间可以进行沟通的桥梁，要实现从文化鉴赏的高度对文本进行解读与赏析，教师需要用到联想、共情、比较等手段搭建起这座文本与文化鉴赏之间的桥梁。联想是指教师在对阅读教学中的 A 事物进行分析时，有针对性地引导学生对与 A 事物相关的 B 事物的思考。共情则意味着教师从文化鉴赏的角度对阅读文本进行解读，绝非意味着教师向学生渗透大量的文化知识。阅读教学所要实现的是让学生最终形成正确的文化取向。这种文化取向是建立在对文化知识的了解与掌握之上的，教师需要在向学生渗透文化知识的基础之上的，通过言语及教学活动的设计引起学生的情感共鸣，让学生将所获得的文化知识进行内化，进而形成稳定、正确的文化取向。最后通过比较，让学生了解到中西方的思维方式与文化传统有何相同点与差异点，并对造成这种差异的原因进行进一步的思考，最终提升自己融入世界文化大舞台的文化适应能力，并形成多元文化价值观念。

（四）合理应用思维导图

1. 合理利用思维导图模型

思维导图模型是针对初学者，为使其掌握具体技能所设定的，若是学生熟练掌握思维导图，那么模型便不再固定化，这主要是由于不同学生思维方式不同，各人有各人独特的看法与想法，模型固定化反而会影响学生发散性思维和创造性思维的培养。

因此，教师在大学英语阅读教学中引入思维导图时，应充分考虑学生的个体差异，比如在教低年级学生时，可采取形象鲜明的思维导图，以吸引学生的注意力，使学生能更深入地理解文章；而在教高年级学生时，教师可以提取一些关键词替代文章主旨，以此培养和锻炼学生的总结能力和思考能力。

2. 科学绘制思维导图模式

思维导图绘制应根据既定原则，基于英语阅读课题内容，按部就班地依据具体流程科学设计出明确的思维导图，使其能形象化和生动化地呈现所需讲解的具体内容，这能有效地缩短教师备课与课堂教学的时间，为学生学习英语阅读知识提供更多的时间与空间。思维导图不仅是教学与学习方面的指导，而且还是课堂教学进度的架构，对学生学习与教师教学都有益的思维导图需要教师全面斟酌，反复修改绘制才能取得比较理想的效果，这就要求教师既要具备丰富的想象力和创造力，又要具备强大的逻辑思维能力与问题分析能力，从而更好地激发学生基于思维导图学习英语的积极性与主动性。传统教学模式主张英语教师遵循既定教学任务与教学设计方案开展教学，这样不仅易导致学生丧失学习兴趣与热情，而且还会使学生逐渐失去学习动力，无法体会到学习的乐趣，这样一来，学生根本不能聚精会神地听教师的讲解。但思维导图能很好地克服这一问题，学生通过思维导图不仅可以更好地掌握语法与写作技巧，而且还可以牢固地记忆英语词汇并学以致用，如此教学模式在丰富英语阅读课程教学形式的同时，还保障了英语教学工作更有质量地开展。

值得关注的是，在大学英语阅读教学过程中不可过于重视思维导图绘制环节。教师在利用思维导图开展英语阅读教学时，应注意只能将思维导图作为英语阅读教学工作的辅助工具，其是为大学英语阅读教学提供服务的。因此，教师在教学过程中不可过于强调思维导图的绘制，而是应更重视利用思维导图辅助学生英语阅读的学习。若是过于强调绘制思维导图容易造成学生将多数时间耗费在绘制导图上，忽视英语阅读学习，最终很可能会导致学生英语阅读能力与水平无法得到更好的提升。

3. 充分做到因材施教，因人而异

学科教师都应做到因材施教，因人而异，使学生得到较好的综合发展。而这就需要教师在充分关注优秀学生英语阅读学习状况的同时，也要给予学困生更多的关注和个性化的指导，以使学生能基于思维导图的辅助功能实现自己阅读学习效率和质量的提升。优秀学生在利用思维导图过程中所遇到的疑惑和难题大致相同，但是学困生却不一样，不论教师采取什么样的教学模式，一些学困生总是对英语学习提不起兴趣。甚至有些学困生由于思维导图绘制受阻，逐渐丧失了学习兴趣，还有一些学困生则是由于文章阅读难度较大，不知如何绘制思维导图。

以上这些问题的存在要求教师在开展英语阅读教学过程中，应根据学生的实际情况科学合理地设置难易程度不同的活动与练习，实现真正意义上的因材施教。而对英语基础比较薄弱的学生，教师应及时答疑解惑，当学生有所进步时，及时给予肯定与鼓励，以使这些学困生能尽快地赶上教学进度。

4. 扩大思维导图应用范围

对大学英语阅读教学来讲，思维导图可应用于词汇、语法、写作、听力等多个方面。若是学生在这些方面都有所提高，则他们的英语阅读能力便会随之得到更大的强化，学生阅读能力的提高也会在一定程度上促进他们英语其他方面能力的强化。因此，教师在大学英语阅读教学过程中可以积极采取发散性思维与联想性思维，确保教学内容的合理性，不应在某方面进行绝对划分，而忽略与其他方面的关联性。

（五）灵活运用教学方法

1. 以生为本

大学英语阅读教学强调不能将阅读文本割裂成细碎的语言知识点，将学生视作盛装语言知识的容器，旨在超越教学的工具性，倡导教学的发展性，这也是大学英语阅读教学的核心所在。为了保障大学英语阅读教学这一出发点，教师在设计阅读教学活动时必须时刻秉持以生为本的教学观，关注学生的主体性，具体表现在以下几方面。

首先，这种以生为本的教学观念体现为阅读教学要面向全面学生。结合我国现阶段大班教学的教学现实，学生的阅读能力与阅读水平是参差不齐的，这就意味着教师在设计阅读问题时要按照由浅入深，由易到难的顺序层层深入，同时兼顾到阅读能力水平较低与水平较高的学生，同时在前后问题的设置间做好衔接转换，鼓励全体学生都能参与到阅读学习中。

其次，这种以生为本的教育理念在大学英语阅读教学中表现为教师尽可能为学生创造机会，让学生对文本进行主动建构。最有效的做法就是不断让学生自己主动去预测文本内容，教师将学生阅读文本的过程设置成让学生不断进行文本预测—检验预测的过程。当然，这种预测并非让学生漫无目的地进行猜想，而是根据已有的文本信息，譬如标题、插图等，在教师给出的有效线索下进行推测。然后，教师需做到善于倾听与追问。教学需要预设，因为教师需要提前设计好教学活动才能有效提高阅读教学效率。但教师更需要明确的是，教学也是动态的、生成的。在现阶段的大学英语阅读教学过程中，许多教师过于在意自身对课堂的掌控性，在师生的提问回答环节，更关注如何接过学生的回答回归到自己所预设的教学活动中，而未真正倾听学生的观点。学生的观点被忽略，并且得不到教师的有效反馈，又反过来作用于学生的阅读兴趣与阅读积极性，长此以往形成恶性循环。所以教师的倾听与追问对于英语阅读教学的实施显得尤为重要。倾听保证了教师不易错过学生的个性化解读，追问则帮助学生进一步理清自己的思路，让思维方式得以外化。

最后，有教师表示阻碍英语阅读教学实施的一个重要原因就是学生的语言能力较为薄弱，不足以支撑其对阅读文本进行进一步的深层次思考，譬如学生的词汇量不足就是一个显著标志。针对这一问题，教师应当跳出语言知识的桎梏，既然阅读教学的重点是要帮助学生在认知、能力、思维、文化等方面获得真正的全面发展，那么教师应适当舍弃一些零散的语言知识点。对于阻碍学生进行深度阅读的生词可以分门别类，有针对性地采取以下三种处理方式。一是对于不影响学生阅读的生词直接向学生传达出可以不受其影响的理念。二是对于影响学生阅读，但对学生现阶段水平难度过大的生词可以直接采取注释的方式，告知学生其具体含义。三是对于影响学生阅读，且学生应当掌握的生词可以采取随文而教的形式，在阅读的过程中渗进词汇学习。这样就解决了因为词汇阻碍了阅读教学的实施问题，不至于因噎废食。只有真正做到以生为本，重视学生的阅读过程，关注学生的阅读体验才能有效保证英语阅读教学的顺利推进。

2. 教学有法

教师在进行英语阅读教学时最容易走进的误区就是教师视阅读教学、阅读文本及学生三者为各自独立的成分，于是将阅读教学直接等同于读文本、教阅读；将文本视为一篇篇互不影响的个体，这一篇的文本与下一篇的文本毫无相关关系；学生在面对文本时也犹如一张张白纸，面对每一篇文本都是以崭新的白纸身份去应对。长此以往，大学英语阅读教学从外部到内部被不断割裂，阅读教学沦为一篇篇文本堆积而成的碎片式教学，严重阻碍了大学英语阅读教学的实施。

因此，解决这种割裂问题的最有效方式就是归纳整合，通过整合将碎片重拾成完整的阅读教学，这种归纳整合则具体表现在以下四点：①整合新旧知识，调动学生的已有认知；②按照主题意义整合文本，实现文本间的串联；③整合语言技能，使得听说读写一体化，尤其是以写促读；④整合课内外阅读资源，进一步扩充阅读教学广度。

首先，教师在实施大学英语阅读教学时要充分考虑学生对文本主题相关的已有认知。学生并不是两手空空走进教室直接进行阅读学习，他们以往所学习到的知识、所拥有的生活经验都使得他们在面对阅读文本时并不是空空如也的白纸。因此，教师在开始进行大学英语阅读教学前一定要通过设计相关的热身环节，充分调动学生对该主题相关的已有认知。在激活学生这些已有认知的基础上，随后的阅读教学活动也将更加流畅地实施与开展，并且学生在面对这些阅读任务时也会有更强的自信心去应对，去解决问题。

其次，教师可以按照文本的主题意义对不同文本进行整合，进一步加深学生对于该主题意义的认识与理解。这也更加说明教师不能将文本视为一个个碎片，而应当对其进行整合串联。

再次，阅读教学并不与写作教学、听说教学相分离，这些重要环节协同配合、相互补充，共同构成英语教学这一整体。英语教学的目标定位是使学生听、说、读、写、译各项能力得到综合提升，而非着重发展某一项独立的技能。因此，教师不能将阅读教学纯粹视为读文本的过程，而应设置各种活动将听、说、读、写、译进行融合，尤其是将阅读与写作进行有效结合，实现以写促读。学生在进行写作的过程中需要对文章的语言、结构、布局有深入的思考。通过写作反过来加深对阅读文本主题的敏感性，进一步提高阅读能力。再者，新增的读后续写版块也进一步验证了阅读与写作的密切关系。

最后，教师应当对课程外的阅读资源进行补充。阅读教学中的文本更多的是依赖于教材中的现有文本，这对于实施深度阅读教学是远远不够的。教师应当结合阅读课上的文本，在阅读课后为学生补充相应的阅读材料，这种阅读材料是课堂阅读教学的延伸与巩固，也可以帮助学生拓展对相关内容、主题的了解。

3. 教无定法

学有佳境而无止境，教有良法而无定法。阅读教学模式形式化普遍存在于现在大学英语阅读教学中。由于新课程标准提倡基于主题意义的单元整体教学，多数教师认为大学英语阅读教学理所应当地需采用整体阅读的方式，整入整出。于是乎，不管是针对何种类型的文本，英语阅读模式都变成了读前预测，读中概括文本大意、回答文本细节，读后小组讨论的固有模式。这种固化的阅读教学模式忽视了不同本文的特性，遮蔽了阅读文本应有的发展价值，不利于大学英语深度阅读教学的实施。

因此，教师在进行阅读教学时应当秉持具体文本具体分析，具体文本具体设计的阅读教学信念，根据文本的体裁特征、文本的育人价值、阅读教学的目标灵活运用不同的阅读教学方式。

现阶段的大学英语阅读教学主要由两种模式的阅读教学方式所支配。一种是将文本视为一个不可分割的整体，采取整入整出的方式，在阅读教学中从整体的角度对文本进行阅读教学活动设计。另一种是采用分步教学的方式，教师根据文本的特点和阅读教学目标的需要将文本划分为几个部分，然后按部分引导学生逐步进行阅读学习。这两种阅读模式各有各的特点，整体阅读更多的是站在语篇的高度对文本进行教学活动设计，也有整体语言学教学理论作为支撑。雷家琮就曾指出："为了获得感性认识，产生清晰的表象，学习者首先要对学习的对象进行周密、细致的整体观察，然后再观察其各个部分以及它们之间的联系，最后在头脑里形成有关学习对象的完整图像。"学生从整体的角度进行阅读学习才更能把握语言的本质，领悟到文本的主题意义。分步教学法则采用层层推进的手段，教师通过不直接让学生阅读整篇文本而层层设置悬念，更能激发学生的阅读好奇心与阅读欲望，调动学生积极参与到阅读学习中。教师要做的就是不拘泥于某一种阅读教学模式，而是结合阅读文本的特征及阅读教学目标的需要，选取合适的阅读教学方式。

第八章　大学英语写作教学模式构建与课程改革

本章分为大学英语写作课程教学现状、大学英语写作教学模式、大学英语写作课程教学改革三部分。

第一节　大学英语写作课程教学现状

一、学生层面

（一）学生基础薄弱

想要写出一篇质量较高的英语作文，学生应该具备较为扎实的基础。这意味着学生的词汇储备不但要达到一定的水平，而且还需要对英语语法、句型十分了解。但是，目前多数大学生还远远达不到这些要求，以致作文错误百出，包括语法错误及单词拼写问题。

（二）学生英语写作存在错误认知

受传统写作教学模式的影响，大学生对于英语写作的重要性也是有错误认知的。英语的学习包括口语、阅读、听力、写作四个环节。写作要求学生具有语言综合运用能力与对文章的整体理解能力，是四个教学环节中较难的。但很多学生对于英语写作并没有给予更多的重视，学生对英语写作的不正确认知，也会导致学生学习效率的下降。

（三）学生生活经验与写作能力融合情况有待提升

相关研究人员发现，任何写作都不能与实际生活相脱离，英语写作也是如此。部分学生因为实际生活经验的匮乏，在写作的过程中可能会出现素材不足的情况，尤其对于英语写作的题目所知甚少，以至于表达语言匮乏，生搬硬套。

二、教师层面

（一）教学形式枯燥

英语写作课堂通常会给人枯燥无味的印象，那是因为多数教师并未好好利用现代教育技术使课堂充满趣味性。单调的 PPT 和板书，枯燥的词汇和语法知识等，都难以激发学生对英语写作课堂的兴趣和积极性，所以英语写作教学也不会取得良好的教学效果。

（二）英语教师批改模式问题

当前，英语教师主要是利用批改网站对学生的英语作文作出批改。这种批改模式虽然节约了教师的大部分时间，但过于系统的批改模式，就无法对学生的写作情况做出真实判断，当教师对学生的学习状况不了解时，无法完成提高学生学习质量的目的。同时，网络批改模式并没有完善的判别系统，很多学生为完成作业会在网上搜其他相关作文，或者利用翻译软件将中文作文翻译成英文，这些都不利于学生英语写作能力的提升。第二种批改方式是英语教师批改作文，区别于其他学龄段的教育，大学英语教师的授课学生数量在几百名，教师自己是无法完成对所有作文的批改要求的。为了对学生的英语写作情况进行掌握，教师会随机抽取部分学生的作文进行批改，进而掌握综合性的学习状况。这种抽取式的作文批改会打消学生写作的积极性，部分学生会抱有侥幸心理去对待此次写作，无法达到提高学生写作水平的目的。

（三）评价的观念与方式陈旧

目前，大学英语写作教学的评价、反馈方式十分单一，教师评价占据最重要的部分。教师的评价虽然比较有权威性，但是重点一般都放在学生的单词拼写、语法使用的正确性上，这就出现了偏差，这样的评价方式既浪费时间，又浪费精力，收到的效果微乎其微。

三、学校层面

（一）英语课程设置问题

与其他专业学科教学相比，英语教学对高校学生提出了更多的学习要求。英语要求学生的思维组织能力语言表达能力。在英语学习中，听说读写译是学生必须要掌握的五大技能，但目前的英语课堂主要培养的是学生的基础学习，对于写作训练较为欠缺，在实际教学中教师应对英语写作给予高度关注，通过写作能力的提升来加强学生的综合语言运用能力。

受我国传统应试教育的影响，高校英语课堂对于学生的写作能力的培养较为薄弱，导致学生学习效率较低，这种教育模式已经无法满足新时期发展的教育需求，更多问题弊端逐渐显现。目前，大部分高校都没有针对英语写作开设单独课程，主要依附于英语教学内容。通常教师对于学生写作的指导仅限在教学课程中进行简单的讲授，课上教学时间对英语写作的讲解极为有限。

英语课堂所重视的是对教材的课文讲解、阅读理解、英语听力等内容，最主要的教学目的，不是对学生综合英语素养的培养，而是帮助学生完成应试考试，在此种教学模式影响下，英语写作变成了无关紧要的教学环节。虽然高校英语教材中会涉及部分写作内容，但占据整体教学环节的比例过小，并不是作为单独的学习话题，只是根据本次授课的教学主题所涉及的简单写作。通常情况下，教师会向学生提供标准范文供学生进行模仿，但却并没有对学生进行系统的写作知识讲授。

（二）教师和学生主体的不平衡

教师是教育者，学生是受教育者，两者合二为一共同作用于教育过程，是教育活动的主体，缺一不可。但是，传统的课堂教学偏两极化，一种是以客观主义认识论为理论基础，单方面强调教师的讲授，忽略了学生的主体性和创造性；另一种则以建构主义理论为基础，单方面强调学生意义的建构，而轻视了学生与教师、教学环境的联系。二者都导致了教师的主体地位和学生的个性发展间的不平衡。

（三）学习内容和实际运用的不平衡

目前，大多数的英语写作教学仍然采用传统的教学模式，即教师根据教材内容，向学生灌输英语单词、句子、语法、时态等知识，一节课的大部分时间都由教师控制，而学生应用的时间和机会少之又少，造成学生听懂了，学会了，却仍然不会写作的结果，严重影响了学生自主学习能力的提高和创造思维的培养。教学资源的贫乏和师资力量的缺少也会影响英语写作教学工作的顺利开展。

第二节　大学英语写作教学模式构建

一、诊断式教学模式

（一）选择合适的教学方法

在英语教学阶段，教学效率会受到教学方法、教育环境和教学模式的影响。其中，科学的教学模式，有利于调动学生学习英语的积极性，促使教学资源的作用充分发挥，取得"1+1大于2"的效果。

此外，大学英语写作教学还要考虑中西方文化之间的差异，主要表现在以下方面：第一，在不同语境下，不同语言的含义存在差别，比如在中文语境下，老鼠代表胆小，但在英语语境下，小鸡代表胆小；第二，中国人的母语是汉语，而英语属于第二语言，因此，学生在学习过程中可能会产生抵触情绪，并且在实际运用过程中，还会受到汉语体系的影响，导致英文写作不可避免地流露出汉语色彩。

（二）分析英语教学问题

诊断式教学作为英语写作教学模式的重要组成部分，对英语写作教学而言，具有十分重要的意义。事实上，教师审阅学生英语作文的过程，就属于教学诊断，但这种诊断的层次较低，与深层诊断相距甚远。在英文写作阶段，部分学生会将教师意见作为依据，对英文写作进行修正，但缺少明确的修改目的。因此，学生的英文水平也很难提升。针对此类现象，教师应该在诊断式教学模式下，以思想和行动为切入点，促使学生重视英文写作，并增加写作教学所占的比重。在教学方式上也要有效控制任务量，为教学精确性提供保障，以促进学生英文写作能力的提升。比如，部分学生写作中的连贯性语句较少，为此，在英语写作教学过程中，将带有连贯性词汇的语句作为重点教学内容，让学生在学习这些语句的同时，对句子间的逻辑关系进行理解，并掌握平行结构技巧，灵活运用过渡词汇，增强整篇文章的连贯性。

（三）确定教学目标

保证该模式在大学英语写作教学各阶段都适用，并在此基础上完善和优化教学体系，是诊断式验证的主要目的。在传统的教学模式下，大学英语写作教学的重点主要包括词汇量、阅读量和语法，忽视了写作训练的重要性，教学质量也会因此而受到影响。教师在实施诊断式教学模式之前，对教学目标进行明确，并制定与目标相匹配的教学策略，以确保教学目标的实现，并更好地掌握全局。在写作诊断中，教师还要重视学生之间的个体差异，使学生真正认识到自身存在的问题，在分析问题的成因后解决问题。

（四）构建诊断系统

首先，教师需要在巴班斯基理论的指导下构建诊断系统，借助该系统分析和安排教学要素和相关流程。与此同时，还要基于教学目标，开展句子诊断教学，以促进学生整体写作能力的发展，并引导其掌握与段落存在关联的写作模式，积累写作方法。在文章主题把握上，需要由教师和学生共同讨论，通过反思和感悟，促进自身写作和表达能力的提升。

其次，诊断教学管理。诊断教学管理由三个方面组成，分别为交际策略、结果和过程。站在教师的角度而言，应加强对写作全环节的管理，通过有效的管理，培养学生的写作能力。

最后，应用诊断教学。诊断教学模式的应用，可以分析问题的成因，其组成部分包括问题调查、问题分析、初步诊断和验证纠偏。在问题调查阶段，教师可以将教学主题作为切入点，考察学情，并分析教学活动特点。

具体诊断步骤如下：教师在教学过程中应进行初步诊断，在审阅学生的英语作业后进行批改，然后向学生发送审批结果。在教学诊断阶段，教师还要延长写作教学时间，在诊断过程中批注作业中的语法和语言错误，比如拼写标点等，要求学生将教师意见作为依据及时修改。针对英语水平较高的学生，教师应加强诊断力度，诊断句子结构、词汇应用和行文逻辑等，并在教学期间朗读优秀文章，以此来调动学生的学习积极性。

二、动态评价模式

（一）动态评价的定义

动态评价模式这一概念是由维果茨基的同事卢里亚（Luria）（1961）提出的，后来以色列的心理学家费厄斯坦在其书中首次运用。十年后，该术语逐渐得到推广，直到今日，研究者都相继采用。动态评价模式至今已有60多年的历史，但对其研究仍处于初级阶段，对其概念还没有一个学界普遍认同的定义，不同的学者有不同的观点。

费厄斯坦（1979）从字面的意思对其进行定义，它认为动态评价与静态评价是一组对立的概念。从心理角度来看，它可以被认为是一种新颖的心理测量技术；从教育学角度看，它强调动态性、交互性的评价方式。

著名心理学家斯滕伯格（Sternberg）（2002）认为动态评价以过程为取向，将学习过程与评价环节相融合，在测量个体先前获取的知识技能的同时，对个体在动态评价过程中所掌握、运用和迁移已有知识的潜在能力——学习潜能也进行了测量，动态评价不仅是测验学习的过程也是测验学习的结果，因此测试者将收集到比传统的静态评价更丰富、更具价值的信息。

目前，国外比较权威的动态评价的定义是由利兹（Lidz）（2003）提出的。他指出动态评价或动态评价学习潜能评价，它强调评价者和被评价者在评估过程中的互动，特别是在教师或同伴的中介下，诊断现有水平预测学生个体未来发展潜能等评估方式的统称。

近年来，动态评价的领军人物波纳（Pohner）（2010）又提出了对动态评价的新理解。动态评价既不是评价工具也不是评估方法，是通过积极支持学习者的发展，将教学与评估概念化的框架作为理解学习者能力的整体活动。

国内诸多学者对动态评价也有不同的划分。范兆兰（2009）提出动态评价作为交互评价的子集，采用交互方法对个体的潜能进行评价，是国外近二三十年才发展起来的心理测量领域的一个新的研究分支。它将传统静态评价的"结果导向"转变为"过程导向"，从一种动态历时的角度对个体的认知、元认知过程进行评价，旨在促进个体认知能力的改变并对其发展潜能进行评价。

韩宝成（2009）提出："动态评价是指把测量和干预结合起来，通过提示、指导和反馈等手段让受试者积极参与到测验活动之中，对其思维、认知、学习和解决问题的能力进行评价的过程，它关注的是学习者未来的发展。"

通过动态评价在国内外的权威概念可以看出：动态评价不同于传统的静态评价，具有自身的独特优势。总体来说，它将教学与评估有机结合，也是一种以"过程"为导向的方法。动态评价在提倡过程性的同时，兼重发展性与交互性。综上所述，动态评价是一种借助外在规范化的评价系统，对学习者进行系统、整体引导的评教一体的方法，将评价融入教学中，学习者的学习潜能及思维、认知得到改变，其学习能力得到提高与改善。

（二）动态评价的模式

由于不同的研究者对动态评价的理解不同，也对动态评价的研究领域不同，也就形成了不同的动态评价模式。兰托夫·波内（Lantolf Poehne）（2005）将动态评价分为干预式动态评价与互动式动态评价。

1. 干预式动态评价

在干预式动态评价中，介入是按照预先设定好的标准程序来的。评价关注的是量化程序的而非质化的描述以及学习的速度指数和学习者需要多少干预来达到先前制定的学习目标。斯滕伯格（Sternberg）格里格仑科（Grigorenko）（2002）将干预式评估分为"三明治式"和"蛋糕式"两类。

"三明治式"动态评价在本质上与传统的实验研究并无区别。学习者首先接受一项测试（前测），根据学生的实际情况给予恰当的干预（学习资源与学习策略等），再挑选与前测难度相当的试题作为后测，检测学生的学习成果，观察学习者学习能力的变化。

"蛋糕式"动态评价通常是在问题出现的时候，评价者立刻进行介入，即学习者在他们遇到困难时立刻接受评估者的干预和指导。此介入方式就犹如在"蛋糕"上涂抹一层"奶油"，其中"蛋糕"相当于测验项目，"奶油"相当于提示，因此又被称为"蛋糕型"。在测试期间，受试者被呈现测试题目并按顺序答题。

被呈现测试题目并按顺序答题。如果受试者能够顺利答出，则进行下一题，如果受试者不能回答或者解决此问题，评价者给受试者一系列提示直到正确答出题为止，如果依然答不出，则放弃本题直接进入下一题。在这个过程中，评价者观察受试者的表现及根据不同的情况给出适当的帮助，然后评价者做好记录。"蛋糕式"动态评价不仅可以评价学生学会新东西的速度，还能检验出学生运用所学的规则和原理来解决新问题的能力，同时根据学生的迁移能力预测出学习者未来的潜能。

2. 互动式动态评价

交互式动态评估受维果茨基（1960）"最近发展区"影响颇深。它是为了了解学生的潜能，观察学生需要教师何种程度的干预和帮助。在这种模式中，干预出现在评价者与被评价者交流互动的过程中，因此，要求评价者对被评价者的最近发展区具有高度的灵敏性。学习者个体或是一个学习组的发展是交互式动态评价关注的焦点，它不关心学习者在学习过程中付出的努力，也不关心是否实现最初的目标。可见，这种评估方式注重质性评价而非量化评价。

3. 干预式动态评价与互动式动态评价的区别

在评价方式上，干预式动态评价属于量化研究，而互动式动态评价属于质性研究；在学习目标上，干预式动态评价追求达到预设的目标，而互动式动态评价帮助学生发现新的学习目标，带领学生不断前进；在学习速率上，干预式动态评价追求高效率，而互动式教学目标将速率放于次要位置；在教学人数上，干预式动态评价模式适用于大班教学，而互动式动态评价由于注重教师与学生之间的交流，因此适用于个体教学。综上所述，两种评价方式各有千秋，教师应根据教学内容、学生情况、教学环境等因素选择合适的评价方式。

（三）动态评价模式与静态评价模式的比较

第一，评价对比对象不同。动态评价是纵向比较，是学生现在的知识、策略、潜能水平与以前的自己比。而静态评价是横向比较，是学生与其他学生在知识、策略、潜能方面的比较。

第二，评价所关心的问题不同。动态评价关注学生潜能的发展，看重学生未来的发展。注重学生在新的学习条件下，如何学习能提高自己，以及能提高多少的问题。而静态评价关注学生目前的学习成果。强调学生现在能做什么，不能做什么。

第三，评价过程不同。动态评价模式将评教结合，在教学的过程中进行评价。且强调评价的个性化，根据不同的学生调整教学策略，对学生的行为给予及时的反馈。而静态评价则采取统一的标准化测试，只关注学生以掌握的知识结果，而不对学生的行为给予反馈。

第四，评价结果的解释方式不同。静态评价多采用量化结果；动态评价结果以量化分数和质性描述相结合的方式记录学习者的现存问题、当前水平和学习潜能，以实现评教一体的目标。

第五，测验者扮演的角色不同。在动态评价中，测验者给出问题，判断学习者存在什么困难，必要情况下教给学生元认知策略，积极参与并促进学生发生改变。在静态评价中，测验者始终保持中立，只是给出问题，记录学生的反应，不进行任何干预。

综上所述，静态评价以客观、量化为特征，设计精密、结构性强。它着重描述学生目前已达到的水平，偏重学习结果，只提供学生的成败信息，且以评价者为中心。动态评价强调评价者与学生之间的互动，强调评价和教学的结合，突出了解学生的认知过程和认知变化的特点，着重考查学生潜在的认知发展水平。

三、学习共同体教学模式

学习共同体教学模式遵循写前（pre-writing）、写中（while-writing）和写后（after-writing）三段教学模式，教学模式过程分为五个环节：教学目标、操作程序、评价、师生角色、实现条件。每个环节都有对应的教师活动及学生活动，各教学环节的具体教学任务和活动如下。

（一）写前阶段

写作前是写作准备阶段，在这个阶段中需要完成以下四项任务：学生分组、明确角色、座位安排、对写作任务的明确和写作技巧的教授。

1. 学生分组

在这个阶段，教师需要充分发挥引导作用，同时尊重学生的主体地位。学者盛群力认为：所谓的合作学习，指的是在传统课堂教学中，将6名学生按性别、能力、个性特点、家庭背景等混合编组，形成一个异质的学习团体。在小组中，学生能有更多的机会进行面对面交流，发言的机会较多。因此在对学生进行分组时，教师可以根据个性特征、英语水平、性别、能力倾向、社会家庭背景等各方面的差异性对学生进行分组，使其具有相应的竞争性与互补性。

因此，以小组为基本单位，构建成员数量相同或相近的学习共同体，保证每个学习共同体都同时包含三个不同水平层次的成员，可以有效保证不同学习共同体的总体水平尽可能相当。

2. 明确角色

为了避免出现共同体活动过程中，出现学生参与不积极、分工不明确等现象，在完成共同体分组后，教师需要根据学生的能力和个性特征帮助明确学生的角色定位，如组长、发言人、记录者、监督者、纪律员等。学生角色的明确，有利于任务的顺利进行。

3. 座位安排

学生座位安排上，以改变课堂学生座位编排方式为切入点，对于课桌椅的排列和教室的布局进行改变，将秧田式座位编排改为U型编排。座位编排方式的改变，可以方便学生间、师生间进行交流，促进课堂气氛活跃。

4. 对写作任务的明确和写作技巧的教授

教师需要结合学生的写作水平和兴趣选取与写作话题相关，并且适合学生的阅读材料。在英语写作课堂之前，教师需进行写作技巧的讲解，并且将相关阅读材料分发给学生，帮助学生更好地做好写作前准备及理解写作任务的要求。

（二）写中阶段

在课前准备下，这一阶段主要分为两个环节。首先教师组织学生根据写作话题进行讨论，主要任务是扩宽思路、集思广益，讨论如何找出写作要点，交流如何表达等。教师在此过程中要进行巡视，必要的时候给予学生帮助，指导或参与学生的讨论。

在学生讨论结束后，教师选取学习共同体小组中的发言人代表小组进行汇报，其他小组可以适当进行补充，最后教师进行反馈和指导。在合作学习中促进学生写作能力的发展，学生在各自的角色中发挥优势和主动性，实现同学间的互动，也有效培养创造性思维。

（三）写后阶段

基于学习共同体的英语写作教学模式下，写后的作文评价阶段是个意义重大的环节。

传统的英语写作评价标准过于注重学生语言的准确性，相对而言忽视文章的整体性、可读性和流畅性。因此，写后阶段学生需要结合多方面的评价，听取同学和教师的意见，对自己的作文进行修改和完善，形成最终稿。

第三节　大学英语写作课程教学改革

一、大学英语写作课程的重要性

（一）英语写作是英语运用的基本技能之一

英语课程的总体目标是培养学生的综合语言能力，而学生的综合语言能力的形成在很大程度上取决于语言技能、语言知识、语言能力的全面发展。就语言技能而言，听和读是输入技能，而说和写是输出技能，四种基本技能在语言学习中不仅能相互补充，而且能相互促进。

（二）英语写作是各类考试的必考项目

英语写作考验学生英语综合运用能力，因此无论是初高中考试，还是大学英语四、六级，抑或专业英语考试都必不可少，并且所占分值很大，这也说明了大学英语写作课程教学的重要性。

（三）英语写作是工作和生活的必需品

英语写作在我们日常生活中用处越来越多。许多公司招聘人才的笔试部分都会有英语写作内容；如果是跨国公司，更少不了用书面英语来交流，如用邮件或社交软件传递信息等。可见，拥有良好的英语写作能力十分重要。

二、大学英语写作课程教学的改革策略

（一）提高教师在写作教学中的语言迁移意识

语言迁移现象的存在具有客观性和不可回避性，提高教师在写作教学中的语言迁移意识，帮助教师正确理解语言迁移对语言教学的影响，对大学生的英语写作具有促进作用。提高教师在英语写作教学中的语言迁移意识，首先要求教师要正视语言迁移现象，语言迁移对学生的英语学习既有促进作用，又有阻碍作用。不同语言之间的差异是客观存在着的，学生在学习英语之前，已经熟练地掌握了自己的母语，习惯了运用汉语的思维进行表达，因此学生在进行英语的学习过程中，用汉语思维进行构思和行文在所难免。教师应该正视这种现象，并在教学中运用对应的教学策略帮助学生减少于语言的负迁移影响。其次教师要重视语言迁移现象。在英语教学中，教师除了要教授语言知识，同时也应该对比汉英两种语言的特点，让学生掌握对应的语言迁移规律，只有在词、句、篇等多个层次上都对英语和汉语的区别有着清晰的认识，才能够获得对语言迁移规律更深的理解。最后，除了语言本身的因素之外，语言迁移的环境因素也是不可忽视的。环境因素包括客观的物理环境和社会文化环境。物理环境能够为语言学习者提供语言使用的契合情景，规范语言学习者的语言使用。

此外，影响语言学习更重要的环境是社会文化环境，学习语言不仅要学习语言知识，而且还应该学习对应的国家文化和思维。由于中西文化的差异，审美和价值取向的不同导致了汉英词汇以及句法语篇等表达方式的不同，这也对语言学习者的语言学习产生了很大的影响。

（二）提升大学生基础性能力，激发英语学习动机

加德纳（Gardener）认为，外语学习动机应包括四个方面：目的、学习的努力程度、达到学习目的的愿望以及学习的态度。只是下功夫并不等于动机强烈。

有强烈的英语学习动机将会促使学习者努力学习英语,但是努力学习英语的人不一定具有强烈的英语学习动机。英语作为工作面试中的重要参考,不得不引起教师和大学生的重视,从这个角度看,有相当部分的大学生努力学习英语更多是因为社会对英语成绩的要求。反之,单纯对学习英语有意愿,却不付诸行动,也不能形成真正的英语学习动机。从大学生角度探索英语学习成败具有积极的教育意义。所以要激发大学生英语学习动机需要从"外在环境设计"和"内在学习意愿"两方面入手。

1. 教师设计与大学生经验相关的主题情境引起共鸣

首先需要深挖教材,在课程目标的指导下确定主题范围,其次根据大学生的日常生活经验,收集场景素材,丰富主题的内容,最后结合大学生的学习活动偏好,借用新技术丰富主题的形式,让主题更加丰实。其次要分析学情,包括大学生的学习方法、学习习惯、兴趣爱好等,让主题内容与高职生的实际水平衔接。

在以题材为引领的英语写作课堂上,教师要通过设计具体的情境,挖掘与题材相关的知识,启发大学生探究写作主题的意义,激发大学生的创造性思维,将语言学习和写作技能结合在一起,从而实现核心素养的培养。以"人与社会"的主题举例,在新冠肺炎全球大流行的时代背景下,以"How can we protect against COVID-19"为主题,讨论如何进行"新冠肺炎"的防护,可以让大学生通过头脑风暴,对主题相关的人员、事件、地点等进行充分的讨论,教师基于主题表达的需要,提供必要的单词和句子辅助。在课堂教学中讨论类似的时代话题既有具体现实的意义,也能够培养大学生的爱国主义情怀,从而达到润物细无声的思想教育目的。

2. 课外多渠道增加英语输入,增加语言基础知识储备

(1) 输入首先需要强调足够的"量"

所谓量变到质变,就是阅读到一定的"量"才能引发相应的"质"的提升。一定程度的输入是语言学习的起点,只有通过大量的输入特别是可理解的输入才能带来相应的输出,对英语学习而言,教师应甄选有针对性的英语资料,让大学生长时间地浸润在英语的环境和氛围之中,产生英语语感。

当前,不少大学生只接触课堂用的教材以及考试的习题,对课堂之外的有声或无声的英文读物接触甚少,造成了他们对英语词汇缺乏足够的积累。现今的信息技术取得了前所未有的发展,大量的新媒体不断涌现,给师生创造了更多更便捷的接触英文资讯的平台。一方面,教师应倡导大学生在学习之余通过书籍或新媒体手段接触更多的英文资讯。另一方面，教师可以利用现有的教学条件，为大学生展现更多国际资讯，通过收听英语广播、观看英美电影、阅读英文期刊不仅可以学习地道的英语表达，而且还能了解英语母语国家的文化。在此基础上，教师还应对中文文化的差异进行比较，对国外的文化做到了解，并取其精华去其糟粕，对中国优秀文化要用英语进行传扬，在培养大学生全球视野的同时树立中国文化自信，切实落实新时代对大学生教育的基本要求。

（2）输入要重视大学生的认知起点

在输入英语的过程中，应秉持先易后难、循序渐进的教学理念对优秀的英语作品进行赏析。通过学习文学价值和思想价值较高的英语作品，在了解相应文化的基础上提高英语水平。大学生可以在教师的指导下，对经典的英语语言片段进行背诵。大学生在背诵的过程中，对英语思维的理解不断加深，无形中会慢慢积累大量的规范英语表达，进一步充实大学生内心的英语语料库。教师也应为大学生创造更多展示英语对话交流的平台，让大学生在背诵经典的基础上，有针对性地加强输出练习，通过模仿经典英语对话促成语感的提升。

（3）输入的范围要广

输入不能仅仅局限在校园里，还应在平时的生活中进行，因为输入会受到"社会环境"的影响，"社会环境"指学习外语的社会气氛。人总是在社会中生活和学习，所以外语学习同样与社会有着密切的联系。所以大学生要在平时的社会生活中有意识地收集英语资讯。

3.课内结合"听说课程"输入，进行口头作文训练

在大学英语写作教学过程中，教师可以改变传统的教学理念，大胆创新，通过结合"听说课程"加大对大学生的英语输入，并在已有输入内容的基础上进行写作教学训练。

著名语言学家吉姆森（Gimson）（1989）指出："说好一门语言必须掌握将近百分之百的语音，大约百分之五十到九十的语法，而百分之一的词汇就足够了。"

英语写作的练习，从来不是独立进行的。英语写作作为英语应用能力的最大化体现，除了阅读之外，也不应该脱离"听说"课程的训练。

（1）开展主题听力训练

语音是掌握一门语言最基础的技能，所以听力的训练就是语音的输入，无论对学的语感还是语言知识都具有较大的辅助作用。让大学生通过感知语音，不仅

能够感受英语带来的语言资讯，而且还能学习英语母语者在运用英语过程中的表达技巧。听力的主题内容要围绕大学生熟知的生活主题来选择，这样的选择符合大学生的认知规律，也更有利于大学生记住所听到的内容。

（2）进行口头作文训练

在围绕主题进行听力结束之后，教师可以用听力的主题作为口头作文的主题，这样不仅前后能够无缝衔接，而且也检查大学生对输入的语言材料掌握的程度。教师与大学生一起回顾听力材料之后，让学生尽可能地独立完成主题信息的复述，并关注学生此时表达过程中词和句子的运用情况。当发现学生在运用词和句子过程中遇到困难的时候，教师可以提供提示，帮助其顺利地完成口头复述。

（三）多方面培养英语写作批判性思维能力

1. 充分认识批判性思维能力培养的重要性

批判性写作能力的培养是对学生创新能力与创新思维的培养，想要让学生写出立意新颖的文章，学生必须具有较好的批判性思维能力。良好的批判性思维能力并非先天造就，它是建立在良好的通识知识、专业知识、哲学以及逻辑知识基础之上的。批判性思维与创造性思维关系密切，如果一个人不具备良好的批判性思维能力，一般也不会拥有高水平的创造性思维能力。

培养学生的批判性思维有助于提高学生解决问题的能力与评价能力。只有具备了这些能力，学生在写作中才能发现问题并对问题进行剖析，找到积极的立场和观点，然后进行推理评价、陈述，指出观点的逻辑性、可靠性、关联性等。当学生具备了较好的批判性思维能力，写作时他们就不会僵化封闭自己的思想、自以为是，能够接受不同的观点并能多角度地全面地对问题进行剖析与论证。

2. 处理好批判性思维输入与输出的关系

韩少杰曾对大学英语写作教学进行研究并指出目前英语写作课程的侧重点仍是语言知识讲解、写作结构安排和写作技巧的处理，教师在评阅学生作文时一般也重点评阅语言形式或篇章结构方面的问题，学生的批判性思维能力在写作中训练不足，发展缓慢。所以，批判性写作能力的提升是一个渐进的过程，想要提高学生在大学英语写作中的批判性思维能力，就不能只是在写作上下功夫，必须处理好批判性思维输入与输出的关系。

学生英语写作的过程是语言输出的过程，培养学生的写作能力其实是在培养学生的语言输出能力。语言的输入与输出之间存在重要联系，输入是基础，只有打牢基础，才能进行有效的输出。思维能力的培养也是如此，想要学生在英语写作中拥有良好的批判性思维能力，就必须对学生进行批判性思维能力培养，让学生在英语阅读中接触批判性思维、了解批判性思维、应用批判性思维。批判性英语阅读能力与批判性英语写作能力两者存在密切联系。

因此，教师可以在教授英语阅读时逐步锻炼学生的批判性思维，教会学生利用批判性思维进行思考、看待问题、评判他人的观点。侯彩静等指出了高校批判性阅读能力培养的重要性。杨桂红在书中表明写作的前提是阅读。正因为语言的输入与输出密不可分，读写一体化、输入与输出相结合可以被视为是一种合理且有效地提升大学生英语综合能力的途径。

3. 教师转化角色，培养学生批判性思维

教师在学生批判性思维能力培养的过程中扮演着重要的角色，教师的责任是让学生学会思考、形成清晰的思路、解决问题。教师可以通过提问来引导学生进行批判性思考，但在此过程中，教师不要给出具体建议，不要对学生的回答进行对错的评价，也不要通过面部表情的变化影响学生的思考和判断。教师的任务是帮助学生学会批判性思维，而不是给出自己的观点和看法，教师要学会提出问题、善于引导并学会等待学生给出答案和提出问题。

虽然学生的英语写作水平有高有低，但是大部分学生对批判性思维的了解程度较低，对如何在写作过程中进行批判性思维以及批判性思维与写作的关系缺乏足够的认识。因此，在批判性写作能力培养的过程中，学生可能在初始阶段会比较茫然、不适应，教师要为学生提供必要的帮助和指导。沈文淮指出教师在授课时不仅要传授知识，而且还要教会学生学习方法，这是教师教学的根本。

因此，在大学英语写作教学中，教师需要对自己的角色进行重新定位，教师不再只是写作知识的传播者，而是变成了批判性写作能力的培养者与促进者。因此，在进行英语写作教学时，教师要给学生讲授有关批判性思维的相关知识，并让学生明白在大学英语写作过程中进行批判性思维的重要性。

4. 改变教学理念，以学生为中心进行教学

沈文淮指出教学理念决定教学行为，也就是说，教师的教学行为会受到自身持有的教学理念的影响，因为意识决定行动，意识是行动的先导，所以一个教师的思想观念，教学理念会影响他在教学实践中的教学效果。在大学英语写作课程的教学中，教师以课堂为主导，但教师教学要以学生为中心，体现学生的主体性。

教师在教学过程中应该充分调动学生积极地参与课堂教学。教师需要采用适当的教学方法将批判性思维能力培养与写作能力培养相结合。

不仅如此，教师在写作教学过程中要经常鼓励学生，帮助学生建立自信，认识到自己的不断进步与提高，使学生对融入批判性思维能力培养的写作教学产生兴趣。当然，在实际教学过程中，教师还要营造良好的批判性写作能力培养氛围，想方设法引导学生进行批判性思考，让学生学会批判性思考。

5. 激发学生主体意识，主动养成批判性思维

大部分学生都明白英语写作的重要性，也想要提高自己的批判性思维能力，但是对于如何才能提高自己的批判性思维能力比较茫然，对批判性思维能力没有清楚的认识，也不了解提升的具体方法和措施。同时，大部分学生对自己目前的写作水平以及批判性思维能力不是很满意，希望教师在写作教学中能够融入批判性思维的相关知识进行教学，提升自己的写作水平。建构主义学习理论认为，学习是一个构建自己知识的过程，这意味着学习应该是主动的，学习者不是被动的刺激接受者，而是主动对外部信息进行选择和加工。

因此，只有当学生充分意识到学习写作、提升批判性思维能力的重要性，学生才会对写作学习产生浓厚的兴趣，学生才愿意付出努力，从而提高学习效果和写作能力。

人并不是生来就有批判性思维，但是通过后天的培训和练习，人可以学会批判性思考，拥有批判性思考的能力。对学生而言，想要成为一名批判性思考者，想要在英语写作过程中进行批判性思考，同样需要培训和练习。这就需要教师在英语写作教学中激发学生的学习积极性和主体意识，让学生在学习中变得主动进行批判性思考。当学生能够在英语写作中运用批判性思维，他们的思维将会变得更加清晰、更加具有深度和逻辑性。学生能够学会如何详细地陈述某个观点、举例说明，对所持的观点进行解释，学生将会对问题与观点进行深刻思考，考虑问题的相关因素、复杂性，同时考虑问题的逻辑性、行文的逻辑性、开头与结尾是否相符、前后观点是否一致、证据与结论是否一致等。

6. 改革写作教学培养模式，融入批判性思维

在传统的写作教学模式中，学生处于被动地位，教学以单向传授为主。在教学改革不断推进的今天，"一言堂""满堂灌"的教学行为不断被人们质疑，英语写作教学必须跟上教学改革的步伐，采用新的教学理念，融入新的教学思想，进行新的教学尝试。将批判性思维融入英语写作课程的教学，引导学生进行批判

性思考，对他人观点进行质疑、分析，让学生学会思考、乐于思考，在思考中找到写作思路和解决问题的方法，形成自己的观念与思想，提高英语写作水平，是一种新的有价值的尝试。

（四）丰富大学英语写作教学方法

我国大学英语写作教学中对"结果教学法""过程教学法"和"体裁教学法""问题教学"进行了较多探讨和尝试，对我国大学英语写作教学研究产生了重要影响。

1. 结果教学法

在20世纪六七十年代以前，长达几个世纪的时期内，人们对语言学习中写作的探讨一般停留在文本（text）分析上，很少论及作者的思维。写作和写作教学的认识主要集中在分析写作成果（product），如文字和学生作文的修辞与结构等方面，写作教学的内容一般局限于对范文修辞和写作技巧的讲解，以及对学生作文的分析。因此，在写作教学研究史上，这一时期称为文本分析阶段。文本分析阶段的写作教学重点放在写作的最终结果上，主要采用的是结果教学法（product approach）。

在20世纪60年代之前，结果教学法这一传统的教学理论在欧美写作教学领域占据着主导地位，对二语写作和外语写作教学领域产生了巨大影响。至今文本分析取向的结果写作教学理论仍然是我国英语写作教学的主流思想。结果写作教学以行为主义学习理论为基础。在这种理论观念的影响下，写作学习被看作是刺激—反应的过程。在这种情况下，写作活动很容易沦为简单机械的模仿训练，在整个教学过程中，学生也处于被动状态。教师通过对范文的剖析及写作知识的讲解，控制作文题目，指导常用句型和写作框架，学生则模仿范文所展示的各类文章的句型、结构及写作技巧，应对各种写作任务。由于结果写作教学关注的是学生完成的作品，强调语言的用法和形式，强调文章的传统修辞模式。学生通过范文所展现的各类语篇的词汇、句法、结构及修辞手法，熟悉并获得不同题材的写作特点和技能，以此应对不同的写作要求。

以结果为中心的写作教学统治国内外写作课堂长达几个世纪，必定有其存在的合理性。第一，关注写作结果，注重基本知识和技能的训练。注重知识的学习和技能的训练，利于学生对词汇、语法、句法、写作格式和结构等基本写作知识和技能的掌握，帮助学生熟悉和练习多种文体，能够快速提高学生的应试写作水平。第二，易于操作和掌握。教学步骤简单，易于操作，学生容易掌握技巧和篇章的组织，落笔时不会感到无从下手，容易获得成就感，增强对写作的信心。第三，注重对范文的揣摩、积累和吸收，能够积累一定的写作知识，利于输出。

以结果中心的大学英语写作教学，其主要缺点有以下几种。

①重视结果，忽视了写作过程的重要性。以结果为中心的写作教学过程中，教师仅对学生的写作结果进行评价，对于写作过程缺乏监控和指导。教师很少关注学生在写作过程中遇到的实际问题，如怎样收集资料和构思、如何完成写作等问题。学生独自完成写作，在写作过程中学生缺乏来自教师的帮助和与同伴的交流合作。学生写作中存在的问题，只能事后被教师发现，却得不到及时有效的指导和纠正。

②注重文章形式，忽视写作内容。由于这种写作教学以大量、机械的模仿范文为主要特征，注重文章写作的修辞手法、语法规范、句子的衔接及文章结构等形式上的准确和合理性，却忽视了写作的具体情境和写作内容的真实性。这样，写出的作品往往主题相同、结构生硬、内容虚假空洞，有时甚至是内容、材料和写作手法都惊人的相似！这种写作教学极大地限制了学生的创造性和思维的发展。此外，由于大部分写作内容脱离学生的实际，并未考虑学生作为写作主体的交际需求，致使学生的写作动力不强。

③以教师为中心，学生处于被动地位。在这种机械的讲解、训练和反馈过程中，教师始终处于主导地位，控制整个过程，学生没有足够的空间进行想象、创造和探索，是学习的被动接受者，其主动性和积极性难以发挥，写作兴趣得不到激发。

④评阅任务繁重，学生收获甚微。以文章为中心的写作教学，教师在批改学生的作品时往往会更加关注准确的语法知识、正确的句子结构和写作的基本格式等内容，需要教师细致而大量的工作，耗时较多，教师疲惫不堪，苦不堪言。而大量的研究实验表明，这种批改工作无法达到预期效果，很难从根本上提高大学生的英语写作水平。

2. 过程教学法

（1）过程教学法的界定

20世纪70年代初期，美国教育部对各州基础教育的发展做了一份调查，结果显示只有不到三分之一的学生写作水平能够达标，并且合格的比例还将持续下降。面对这种局面，教育主管部门开始担心写作能力对于升学和工作的影响，呼吁教师重视和提升写作能力。华莱士·道格拉斯（Wallace Douglas）教授以建构主义为理论基础提出过程写作法，他认为写作是一个群体间进行信息传递和交流的社会交际过程。写作教学应该重点探讨的是写作的创作过程而不是具体的语用功能。写作的本质不仅仅是对某些语法项目的理解、对修辞模式的模仿以及对写作内容的阐述，更在于培养学生的思维能力和自我表达能力。认为写作是具有创造意义的行为，是作者心理认知和语言交际的互动过程，并不是独立的行为。

（2）过程教学法的特点

过程教学法的典型特征就是关注学生写作实践的每一个阶段，教师帮助学生认识到写作创作是一个过程，创作出初稿之后还要引导学生反复修改完善，特别强调在写作过程中积极地启发学生自己去发现问题、通过小组交流和师生交流去分析问题，最后能够运用自己的语言能力和语用知识去解决问题。注重学生写作思维的训练和学生反复修改文稿的过程，引导学生去发现和寻找他们自己的创作灵感。在这个过程中教师提供给学生相应的反馈意见，学生也能自由地表达自己的观点，写作的全程都伴随着师生之间的交流和生生之间的互动，其符合语言教学的发展规律，主要体现出以下几个特点。

首先，注重英语写作的具体过程。关注写作实践全过程的过程写作法，一般要经历四个阶段。①写前准备阶段（Pre-writing），这些阶段学生的主要任务是确定写作的话题、收集信息、列提纲。②初稿阶段（Writing），这是学生将写作思路转换成文字的阶段，这一阶段的关注点应放在思路的清晰和行文的流畅上，不要太过关注语言的准确，这只是最初的草稿阶段，文章还需要进一步的修改。③修改阶段（Revising），从话题、内容、文体的角度进行修改，重视文章的细节部分，如：段落、句型、词语。④编辑阶段（Editing），是文稿的整理和润色阶段，学生需要经过多次的检查、反复地修正后，最终定稿的过程。对于写作过程的具体描述，不同的学者都给出不同的意见，但在实际教学中大家都认可这四个阶段不是垂直并列的关系，而是在整个写作过程中可以互相影响、相互渗透的。

其次，体现学生的主体地位。写作是描述并记录作者的人生经历和情感体验的一种方式，任何文本的创作都是作者思考的痕迹，通过笔端把自己的思想用书面语言的形式与他人交流。过程写作法始终以学生为中心，鼓励学生创造思维和包容学生个性化的写作风格。

在过程教学法的实施中，学生通过小组合作和师生评价活动实现自我价值。教师在写作教学中时刻关注学生的发展和进步，在每一个环节都立足于满足学生内部需要的过程，这种教学方式为学生营造出社会交际的情境，实现学生自我表达和自主创作并在写作中体现出个体差异。对于刚接触英语写作的学生而言，正规的指导和有效的训练，对掌握英语写作技能和提升写作水平都有重要意义。

再次，重视写作中的互动交流。过程写作法所涉及的修改环节中，教师适当的引导、激励和反馈都可以促进学生的写作，特别有助于写作能力较低、缺乏写作兴趣的学生积极参与到写作活动中。写作训练中可以创建写作小组，通过小组成员间的合作交流让其体会到用语言文字与人交流思想和观点的魅力。分组时应注意学生小组中的成员配置，尽量把语言学习能力的优、中、差等生达到均衡，才能使优等生对学生间的带动作用发挥得更好。小组成员在进行探究性任务设计时，要充分遵守合作性原则，关注到成员之间自身的优势，扬长避短，让合作学习能够充分发挥每个学生的作用，不同成员之间的学习力、学习效果不同，要做到互相尊重，活动的设计要多角度、多维度地去激发学生的思维方式。对于写作活动而言，认识到第一稿只是这个写作过程的开始，写作时要大胆尝试，学生本人、同伴、教师都要参与到写作修改活动中，合作评估自己的努力和进步，通过开展小组内同学之间对习作的评价与讨论活动，有利于小组成员在写作交流中借鉴他人的优点同时改正同类的错误从而提高写作能力。有效的沟通和交流是有助于大家顺利完成文稿的创作和修改，更能让原创者体会到作者与读者之间思维碰撞的乐趣。

最后，师生合作的修改与编辑。文稿的修改环节是逐渐完善语篇内容并且丰富词语表达的环节。学生在创作时可能没有做好充分的准备，头脑意识中没有想到如何表达的句型和词汇，边想边创作的写作，会导致文章结构出现问题或语句出现错误。教师要求学生先进行自我修改，以提升语言的准确性和文章的合理性；再通过小组内相互修改文稿，这个过程能够有效地提高学生的表达能力和辨别错误的能力，同时小组内的成员都可以避免同样的错误再次发生，对于每一个学生都是自我提高的过程。在这过程中教师要指导学生把有问题的地方标记出来，包括语篇要点、语言表达、文章结构等，通过学生自评和学生互评后，教师再对学生的作文进行补充和订正。让学生意识到对文章进行最后的整理、润色才能定稿，编辑文稿也是过程写作法中最为重要的环节。学生对文稿的反复修改过程有助于深入掌握文体结构的能力，并提升写作语言的准确性，能够开阔写作思维，真正达到提高写作能力的目的。

3. 体裁教学法

体裁教学法建立在语篇体裁的分析之上，将体裁分析理论运用于课堂教学，主要是使学生了解到不同体裁的文章具有不同的交际目的和篇章结构，并使学生在创造自己的篇章时能够运用相应的策略。

澳大利亚学派的体裁教学法主要运用于中小学和成人教育的语言教学，通过在中小学实施这一写作教学法来提高学生的写作能力。在教学过程中，教师向学生介绍在未来生活中，他们可能会遇见的不同类型的体裁，并通过分析的方式帮助学生掌握特定的体裁结构和写作技能，从而提高学生的写作能力。该教学法将课堂教学分为：范文分析、模仿写作和独立写作三个步骤。首先，通过范文介绍一种体裁类型，重点分析其"图示结构"并确定语篇的社会目的；其次，根据分析结果，师生共同创造该题材类型的文章，创造过程包括资料的阅读、收集和整理、具体的写作等不同阶段；再次，让学生选择话题进行研究，独立完成相同体裁的文章。体裁教学法重视范文及其语言特征的分析，将学习视为模仿、理解和掌握规则的有机结合。

体裁教学法对写作的看法与成果教学法对写作和写作过程的看法相似，所不同的是体裁教学法认为写作随着社会语境的变化而变化。由于 ESP 对体裁具有特定要求，体裁教学法在 ESP 教学领域也被看作一种有效的教学手段。

体裁教学法的优势在于：首先，体裁教学法注重写作语境和目的，能够使学生深入地理解和熟练掌握不同体裁的语篇，让学生认识到写作是参与社会活动的一种手段；其次，体裁教学法可通过让初级和中级水平的学习者了解不同体裁的建构过程及写作技巧，掌握相对固定、可参考借鉴的语篇模式，从而增强写作信心和能力。

然而，体裁教学法也有其不足之处：第一，体裁教学法注重体裁，这种规约性可能会阻碍教师的创造性，使得课堂教学不够生动丰富，很难调动学生的学习兴趣和积极性；第二，体裁教学法容易导致以语篇为中心的课堂教学，教师的教学注重不同体裁语篇的范文模仿和训练，却忽略了教师和学生的创造性，使学生的写作思维受到限制，会出现千篇一律的情况；第三，语篇的体裁种类繁多，而中学的教学内容和学时都有明确规定，课堂教学无法涵盖学生在当下和未来可能会使用的所有体裁类型，故体裁教学法在写作教学中存在局限性。

在综合了成果教学法、过程教学法和体裁教学法的优点基础之上，英国学者怀特先生提出了过程体裁教学法，其目的是综合三者的优势而避免各自教学法的不足。在过程体裁教学中，教师提供相应的知识和技巧，从而帮助学生完成写作。

4. 问题教学法

问题教学法简称为 PBL，全称为 Problem-based Learning，是西方国家高等教育从精英化走向大众化进程中发展起来的一种新型教育理念和教学组织形式。1969 年，美国医学教授巴罗斯（Barrows）在麦克斯特大学的医学院创建了一种由学生自学与教师指导相结合的小组教学方法，后逐渐在其他学科发展开来。学术界对此有多种译法，如问题教学法、问题式学习、问题导向式学习等，其中"问题教学法"使用较为广泛，也是本书采用的译法。

（1）问题教学法的定义

国内外众多学者对问题教学法在教育领域内发挥的作用给予了肯定，有关问题教学法内涵的界定，不同学者之间的表述也略有差异。

1986 年，巴罗斯（Barrows）指出，问题教学法是把学生置于有意义的、复杂的问题情境中，以合作讨论的形式共同解决问题，帮助学生掌握隐含在问题背后的新知识，培养学生解决问题和合作学习的能力。

萨文·巴登（Savin Baden）认为，问题教学法主要从以下三个方面进行理解：首先，它是一种教育理念与教育哲学相结合的体系；其次，建构主义学习理论的指导下的问题教学法是一种不仅重视结果，而且重视过程的教学方法；最后，就教学角度而言，它是以学生为中心的一种教学方法。

国内学者对问题教学法的定义也做出了细致研究。其中，赵洪指出，问题教学法源于解决问题过程中所需掌握的新知识，是学生在学习过程中获取自主学习能力的一种教学方法。

丁后银指出，问题教学法是随着建构主义学习理论兴起的一种新型教学方法，其主张将学习置于复杂的、有启发性的情境中，通过小组学习的方式收集材料并解决问题，学习隐含于问题背后的新知识。

刘芳指出，该教学法是以问题为中心，使学生围绕问题通过小组汲取新知识，培养解决问题能力的师生交往活动。

宋军、程炼提出，问题教学法作为教育教学的重要途径，从教师的角度讲，它是一套设计学习情境、从问题出发的教学方法。从学生的角度讲，它是学习者在教师创设的具体问题情境中，依据已有的相关知识，采用小组讨论的形式，主动地学习相关知识，提升解决问题能力的学习方法。

不同的学者对问题教学法的定义在内容、形式和过程上各有侧重，在此采用丁后银提出的有关问题教学法的定义。问题教学法是一种以问题为核心的教学方法，主张将学习者置于教师创设的复杂的、有启发性的问题情境中，引导学生依据已有的知识以小组合作的形式探讨并解决问题，最终掌握新知识，发展学生自主学习和解决问题能力的一种教学方法。

（2）问题教学法的特征

在问题教学法中，问题是核心，情境是基础。教师要根据学习者的学习需求创设不同的问题情境，提高学习者学习的主动性和积极性。问题教学法的特征主要概括为以下四个方面。

一是，注重培养学生的问题意识。在问题教学法中，学习起源于问题，问题的提出能使学生产生探究和寻求答案的欲望。问题意识能激发学生去感知和思考问题，在头脑中形成解决问题的冲动，即求知欲。在实际教学中，问题能够帮助学生产生学习的欲望，促使学生积极参与到学习中。相反，如果无问题意识，学生的思维活动就会相应减少，学习主动性就会大大降低，他们并不会全身心地投入学习中渴求寻求问题的答案，自然而然导致学习不能够激发学生的创造性思维。因此，问题教学法强调对学生问题意识的培养。

二是，学生在学习过程中占据主体地位。问题教学法强调以问题为核心，但问题的根源在学生。学习是主动思考、探究、评价反思的过程。在问题教学法实施的过程中，问题应立足于学生的实际学习需要，保证提出的问题于学生而言是有意义和价值的，也就是说，在这种教学法中，问题能够引起学生强烈的好奇心从而使学生主动进行思考并参与到问题解决的过程中，此时学生不再是知识的被动接受者，而是知识的主动建构者和开发者。

三是，积极创设问题情境。真正有意义的教学活动应当是能够开发学生思维、鼓励学生进行探索、最大限度地挖掘学生的学习潜能。问题教学法通过创造各种各样的问题情境，用问题来推动学生的学习，把问题作为刺激学生学习的重要因素，把学生放在不同的情境中，营造出提问、探究、研讨和互动的课堂氛围。学生参与到教师创设的问题情境中，主动探索并汲取新的知识。

四是，注重合作学习。在问题教学的过程中，由于问题的复杂性和开放性，学生需要通过小组合作、教师的指导的形式来解决问题。每个小组由4—8人组成，组内成员通过对教师创设的问题情境进行交流和讨论，互相学习，最终解决问题。教师在这一过程中，要搭建以学生为中心的学习主体，营造交流互动的学习氛围，从而取得良好的教学效果。

（3）问题教学法的原则

问题教学法只有遵循一定的教学原则，才能在实际教学中"有法可依"，真正实现教学目的，该教学法在具体实施过程中需要遵循以下四条原则。

一是，课堂问题的真实性和有效性原则。问题教学法以问题为核心，问题的有效性将关系到教学活动的有效性以及教学目标的达成。因此，教师在提出问题时，应以学生学习英语的有效性为评价标准。同时，问题教学法强调学生通过自主解决开放性、复杂性、不确定性问题逐步掌握学习内容，培养学生的主动思考以及解决问题的能力，所以问题的真实性和有效性应当引起教师的关注。

二是，遵循学生主体性和尊重个体差异原则。在问题教学法的教学过程中，所有成员都要参与到教学活动中，教师充当促进者的角色，提供给学生更多表达自己观点的机会。同时，教师要注重个体差异，确保每个学生都参与到学习活动中来，确保每个学生都能跟上当前的学习进度，换而言之，教师在教学过程中要能够关注到学生学习的积极性和主动性，构建好学生学习的主体。

三是，启发性原则。首先，课堂上提出的问题必须具有启发性。其次，虽问题教学法强调在英语课堂中突出学生的主体性，以小组讨论的方式为学生提供尽可能多地分析并解决问题的机会，但在实际学习中，学生经常会遇到无法独立解决的难题，这就要求教师通过启发性的问题逐步引导学生，帮助学生顺利解决难题，因此，启发性原则在 PBL 教学过程中应得到足够的重视。

四是，循序渐进原则。问题教学法包括提出问题、分析问题、解决问题一系列特定的教学流程。在教学的过程中，教师需要充分考量学生认知发展的规律，从简单到复杂的掌握知识的过程。同时，在教学的过程中，学生和教师都对此都需要一个适应和逐步吸收的过程，因此，问题教学法需要遵循循序渐进的原则。

第九章　大学英语翻译教学模式构建与课程改革

随着中国对外开放的不断深入，与世界各国的交往不断增多，社会对复合型翻译人才的需求大增，大学英语翻译教学的必要性和重要性逐渐凸显出来。大学英语教学改革随之对翻译教学提出了新的要求。本章分为大学英语翻译课程教学现状、大学英语翻译教学模式构建、大学英语翻译课程教学改革三部分。

第一节　大学英语翻译课程教学现状

一、教师层面

（一）翻译教学方法单一

教学是由教与学两方面统一组成的双边活动，因此教学方法也具有双边性。它既包括教师的教，也包括学生的学，若缺少了一方，或有一方未能发挥积极作用就会造成教学的低效或失效。

调查发现，大学英语翻译课堂教学方法单一，学生参与度较低。目前英语翻译教学仍旧以传统的方法教学，教师枯燥地从上课讲到下课，只采用一种教学方法，学生的参与较少，以倾听为主，导致学生兴趣下降，直接影响教学效果。

在课堂上教师往往根据剩余时间的多少对学生的翻译练习进行点评，如时间充裕教师会详细评价，如时间有限则选择典型错误讲解、总结，忽视了学生的学习需求，导致课堂中学生和教师之间缺少交流互动。

一千名教师就有一千种教学方法，每一种教学方法都无好坏，里弗斯（Rivers）认为"教师应根据学生情况及时调整和转换教学方法，发挥不同教学方法的功效"。事实上很多大学教师很难做到这一点，有学者在参加大学英语翻译听课时发现，教师在讲授例句时，从专业词汇到句法构成再到翻译技巧的使用讲得都非常透彻、细致，但是一个例句讲完，紧接下来进行下一个例句的讲解，这种教学方法虽然能够达到知识传授的目的，但没有留给学生思考和提问的机会。只是一味地讲而不留给学生思考、提问的时间，学生就会产生知识链不完整的情况，学生一个例句没有听懂，教师进行到下一个例句时他还在思考上一个问题，结果第二个例句也遗漏掉，词汇没听懂，句子译不出，语篇翻译就会全篇覆没。

（二）师资队伍建设有待加强

大学英语翻译教学的教师队伍还不够完善，其中还有一部分是从语言学、文学等研究方向转向翻译教学的教师。

翻译是一门实践性很强且对综合能力要求很高的课程，这些教师长期负责英语教学，汉语知识水平相对匮乏，而翻译教学不仅要求教师具备高水平的英语综合能力，汉语基础也必须夯实。此外，这些教师在翻译理论素养和翻译实践经验方面也有所欠缺。因此，现有的一些从事大学英语翻译教学的教师的业务能力可能不足以应对翻译教学的要求。

二、学校层面

（一）翻译人才培养计划不完善

通过调查分析可以看到，大学英语教育的人才培养计划尚待完善，培养目标亟须明确。区域经济发展飞速，跨国经济往来越来越多，英语翻译人才的需求量大大增加。

现阶段英语翻译人才培养的现状如何，能否适应区域经济的快速发展，显然是迫切需要解决的问题。目前，大学英语翻译人才培养模式缺乏系统性、针对性，针对经济发展的定位不够明确，不能够依据区域经济建设和英语翻译人才的现实需求，按照英语翻译职业岗位的分布，建立人才培养目标。对学生职业素养培养有所欠缺，没有培养学生"吃苦耐劳、爱岗敬业的精神"，较难实现"先就业，再择业，后创业"的就业原则。

英语翻译是大学英语的一门重要课程，教学目标是以培养具有较高水平和综合能力的英语翻译人才。

波斯纳（Posner）认为必须将学生的学习兴趣和学习能力等内容作为设计教学大纲的根本。我国著名学者夏春梅曾说课程设置的理由与目的就是教育的价值观以及教育目标，她把社会、学生、学科作为价值取向参数。大学英语翻译课程的教学目标，既要考虑国家整体的经济环境下市场的需求，还要考虑大学毕业生的岗位需求，在制定教学目标时需考虑到区域内的经济特色，将课堂授课与市场经济形势相结合，适应时代发展。因此，大学英语翻译教学目标要适合学生的学习目标，具有效果可评性，能够检测计划中的学习活动效果，有足够的理论依据，具有成功的实施可能。

（二）英语翻译教材质量较低

英语翻译是一门具有理论性与实践性的语言学科，其教材贯穿了整个课程教学的始终，对教学效果影响重大。目前，英语翻译教材存在质量较低，教材开发比较落后，可供教师选择的教材数量较少，教材修订的后续工作进行迟缓等问题。

首先，在教学实践过程中许多教材出版较早，词汇、例句没有及时更新，内容跟不上时代的发展，部分教材编写时有照抄照搬现象且质量较低，误译较多。方梦之认为"误译是在思想意义上或文字表述上背离原文，是对原文的错误翻译。误译现象在翻译史上也是屡屡出现"。但是，学科教学著作中出现的误译就应该引起专家学者们的关注。教材是学生的学习范本，必须具有准确性和严肃性，尤其要注意对专业术语、行话、数字、句子结构、商务语篇的例句选用，在编制教材时应该具有极高的使命感和责任感，以免耽误学生的学习。

其次，教材结构不合理、内容顺序安排前后颠倒。例如，部分教材中包含笔译和口译划分成两个部分，但是每个部分的内容都浅显粗略，并且在章节安排上存在不合理现象。

再次，英语翻译教材的编写没有根据需求理论。教材的编写应以"实用为主，够用为度"为指导思想，从实际需求出发，已就业为导向，以职业能力为核心，针对典型工作任务所需的理论知识和实践技能要求，将任务模块化，使学生较为全面地掌握实用英语翻译技能。

最后，由于英语翻译是建立在大学英语、听力、语法、实务等一系列基础课上的，在教材内容的编写时无须再赘述基础学科理论。

大学英语翻译教材是提升翻译教学质量的基础。大学英语翻译教材长期缺乏专门性，大多数高校都是采用本科学校的教材。近几年随着大学英语教学改革力度加大，我国教育部门出版了一些适用于大学生专用教材，但是因为时间相对较短任务比较繁重，教材在很多方面还是有很多问题存在，实训项目老化，不符合时代发展的要求，练习册的题型大多以理论练习为主，缺少项目情境设置，没有突出高校的教学特色。这种情况的出现直接限制了大学英语翻译教师对于学生实际应用能力的培养。

（三）翻译教学与社会需求相脱节

经世致用是学生学习的重要目的，也是教育教学的根本目标。经世就是使自己之所学，能够适用于国家，适用于社会，让自己之所学能够在社会上有立足之本；何谓致用，就是致力于国家社会、致力于民族，使得自己所学知识能够为推进社会发展、促进行业进步而尽一己之力。由此可见，高校育人的最终目的是让学生能够经世致用，适合于社会需求。

在全球经济化进程不断深入的背景下，当下社会各界对于翻译人才需求也日益增长，同时对于翻译人才的沟通能力、市场前端信息掌握能力、洞察能力等综合业务能力也提出了更为严苛的要求。但是，就实际情况来说，当下大学英语翻译教学模式过于传统，与社会对翻译人才的要求相脱节，很多英语教师依然采取理论指导以及文学指导方法来为学生进行英语翻译教学。加之，大多数高校英语翻译教学没有注重教学实效性这一问题，没有结合企业用人要求以及学生实际就业发展需求来制订相应的课程教学目标和教学大纲，这也在极大程度上弱化了大学英语翻译教学的意义，难以满足学生未来发展需求。

第二节 大学英语翻译教学模式构建

大学英语翻译课堂教学模式有两种：一种是以学生为中心的教学模式，另一种是交互式英语翻译教学模式。

一、以学生为中心的教学模式

现代教育观认为，学习的过程是学生主动接受刺激、积极参与意义构建的思维过程，学生是教学服务的对象，教学过程中应以学生为中心组织教学，充分发挥学生的积极性和创造性，同时也不能忽视教师的引导作用。这就强调了以学生为中心的教学模式的重要性。

以学生为中心的教学模式有着显著的特点，具体表现在以下几个方面。

第一，教学的主要目的是培养学生独立的翻译能力。

第二，教学的重点发生了转移，由以教师为中心转向了以学生为中心。

第三，注重学生学习的积极性和主动性。

第四，强调翻译过程。

第五，关注学生信心的树立，要求教师对学生的作业持宽容、积极的态度。

就学习的认知过程来讲，只有学生主动地参与到学习过程当中，才能快速高效地完成学习任务。在学习的过程当中，学生的主观态度、意识和情感等因素对学生翻译能力的发挥有着重要的影响。因此，在这一模式的具体实施过程当中，教师要善于观察和分析学生的心理特点，并根据学生的特点来适当调整教学，为学生营造一个轻松愉悦的学习氛围，充分调动学生的积极性，激发学生学习的兴趣，使学生勇于发表自己的观点。

同时，这一教学模式要求教师要结合学生的兴趣、需要、特长以及弱势来组织课堂讨论，以培养学生乐于交流的性格，激发学生的创造性思维；还要求教师对学生的译文持宽容、积极的态度，积极评价学生的优秀译文，树立学生的自信心。因此，无论是在课堂讲解或是课堂实践中，教师都应将学生置于教学的主体地位，并依据学生的实际情况开展和组织教学。

二、交互式英语翻译教学模式

大学英语翻译教学中，多是关注翻译结果是否准确，很少关注翻译方法是否灵活，对英语翻译内涵理解不足，缺少灵活翻译能力。实行交互式英语翻译模式，可以突破传统教学模式限制，深层次挖掘英语教学潜在内涵与价值。

在教材内容基础上，分析原文与译文不同语言内涵，引导学生在掌握原文表达含义前提下，掌握翻译技巧，促进学生英语翻译能力更高水平提升，对于构建高效的英语翻译课堂具有积极作用。如英语文章中出现"It rains cats and dogs"内容，学生多是将其翻译成"猫和狗"，但其原意是比喻倾盆大雨。通过交互式英语翻译教学模式应用，则是注重信息传递过程中帮助学生掌握翻译技巧，提升翻译能力。

此外，交互式英语翻译教学模式具有以下两个特点。

一是充分发挥学生的主体性。作为翻译教学主体的学生，主导着整个互动式教学的过程。学生不仅是知识的积极创造者，而且也是知识转移过程中重要的组成部分。学生在互动式教学中的认知过程学习过程，对主动性和选择性的人类感知进行了良好的展现。例如，为了有效提高学生的英语翻译能力，就需要培养学生的英语语言的潜意识，使学生在潜意识里把英语转化为自己的母语来理解。这种翻译技巧不能直接通过某些词汇来直接反映语义，而是通过传递信息来表达相关的情绪和语义。在翻译理论方面，这对学生学习英语有很大的帮助，让学生学会如何建立自己的思考模型，并将思考模型有效代入英语翻译的过程之中，不仅可以从不同的角度激发学生的学习积极性，而且还可以实现事半功倍的教学效果。

二是完善教师评价的客观性。在进行英语翻译的课堂教学之前，教师应该事先表明自己的评估标准，以便学生在将来不断提高自己的翻译水平。在这一过程中教师应正确指导学生进行英语翻译，并对学生进行客观、恰当的评价，以正确的方式积极地引导学生。

第三节 大学英语翻译课程教学改革

一、大学英语翻译课堂教学的基本原则

大学英语翻译教学的最终目的就是提高学生的翻译能力，培养学生的交际能力。而英语翻译教学的原则始终贯穿其中，指导和促进着翻译教学的进行。因此，英语翻译教学应遵循五个方面的原则：交际原则、认知原则、文化原则、系统原则、情感原则。

（一）交际原则

交际是语言的重要功能之一，也是外语学习的最终目的。外语交际能力主要包含两个方面：一是准确接收信息的能力，二是准确发出信息的能力。而对于翻译教学以及翻译能力的培养而言，交际能力还包含准确转换信息的能力。交际理论认为，语言是表达意义的体系，其主要功能、交际功能、语言的结构反映其功能和交际用途，语言的基本单位不仅仅是它的语法和结构特征，还包括反映话语中的功能和交际意义的范畴。因此，在翻译课堂教学中，教师要始终遵循交际原则，并在该原则的基础之上培养学生的翻译技巧和能力。

（二）认知原则

学生通常会在自己原有知识的基础之上来学习和接受新的知识，并依据自己的认知特点以及自己原有的思维方式来采取不同于其他人的学习方法和策略。因此在翻译课堂教学中，教师要遵循认知原则，充分考虑学生的不同特点，并针对学生的特点设计出能够激发学生兴趣、调动学生积极性的活动模式，引发学生积

极进行思考，鼓励学生形成自己的学习方法和策略，发展学生的翻译技能，实现学生的有效交际。

（三）文化原则

翻译是跨文化交际活动的重要组成部分，所以它要求学生必须了解不同语言国家的政治体制、经济模式、思维习惯、生活方式、风土人情、表达习惯等。因此，这就要求教师在翻译课堂教学中要时刻谨记这一原则，并将学生置于跨文化交际的语境之下，重点培养学生的跨文化信息转换的能力，使学生切实感受到只顾语言的对应，不考虑不同国家之间的文化差异是难以达到交际目的。

（四）系统原则

语言是一个庞大而完整的系统，内部的各个成分和要素之间都是相互关联、密切联系的，并且有规律可循。翻译教学也是如此，它也是一个繁杂的系统工程，也有着自身的规律和方法。因此，在翻译课堂教学中，教师要遵从系统的原则，根据翻译的本质、翻译教学的基本规律以及学生和社会的需求，制定系统而科学的教学大纲，以提高学生的翻译能力，提高翻译教学的效率。

（五）情感原则

情感原则也是翻译课堂教学应遵循的一个重要的原则。因为在翻译的学习当中，学生的学习动机、学习态度、学习兴趣、学生自身的性格都会影响学生的学习效果，因此教师应不断引导和调控学生的学习态度以及学生个人的情感。

二、大学英语翻译课程教学的改革策略

（一）丰富教学资源

在考虑译文与翻译策略、中英文教学内容设计的同时，教师要着重为学习者设计丰富的教学资源。

第一，教学资源可以根据学生的差异进行设计。基于开课之初的前测结果，教师能够大致把握学习者的差异性，针对基础较差的学生，教师可以设计补充学习材料，使得这些学生在学习过程中不至于太过吃力，比如，可以将本节课程中所使用到的难点词汇、所涉及的翻译策略等一一列出，为教学内容的学习奠定基础。对于学有余力的同学，教师可以设计扩展性学习资源，比如，根据本课程内容，设计额外的翻译练习，并辅之以参考译文与详解，帮助学习者加强巩固学习效果。

第二，在翻译课程中，学习资源较为单一。相关学者建议，教师可将教学内容整理成PPT，以供学习者复习。就PPT的设计而言，需要采用不同的字体、字号、下划线、着重符号等，让学生快速把握课程的重点内容。

第三，教学者可以将课堂讨论中学生的精彩互动与建议，以及学习者的优秀翻译作业整理成文档或者录制成视频，供学生查阅。再者，教师可以将学习者存在的共同疑问与错误整理成知识点，在翻译课堂的特定位置分享，形成翻译学习特有的"生成性学习资源"。

总体而言，教学资源是影响学习者学习态度、实现自主学习的重要形式。单一的学习资源会降低学习者的学习兴趣，也不能满足其自主化学习的需求。在教学资源开发的过程中，要注重课程资源的多样性，与学生的视听心理相结合，充分利用现代化教学媒体，为学习者设计出丰富、有趣的学习资源。

（二）优化教学内容设计

相关调查结果显示，教师所设计的讲课内容在学习中至关重要。与此同时，教师的讨论交流参与度能够影响学生参与英语翻译学习的意愿与学习效果。因此，对于教师而言，在考虑外在特质与纯英文授课设计的同时，更加要注重教学内容的传授。另外，教师不仅要关注教学视频的设计，也要重视提高教师参与度。

首先，在相关教学视频的时长上，尽量做到知识内容的碎片化，比如，一般教学视频时长基本控制在12分钟左右，这种微视频教学对保持学习者的注意力、提高学习效果具有重要的作用。调查发现，一般十分钟左右的教学视频，便能完整地呈现单元教学内容，有利于学生利用空余时间完成学习任务。

其次，在保证碎片化的同时，教学设计需要力求教学内容的完整性与系统性，即教学设计理论中的系统性设计原则。这就要求教师按照主题与知识单元将教学内容进行切分，每个单元的设计需要相对独立且完整。

以"英汉互译方法与技巧"为例，在十一周的课程学习中，教师将教学内容划分为六个专题：翻译入门、翻译过程、词汇翻译、句子翻译、翻译的文化意识、不同文体的翻译。单个教学内容虽然是碎片化的，但是教学设计思路清晰，课程内容呈现出由词汇，到句子、翻译观念，再到翻译文体教学的循序渐进的过程。课程内容的系统性在一定程度上也就保证了教学难度是逐步提高的，能够让学生在不断地"同化"与"顺应"中建构翻译知识。

最后，教学设计者要充分考虑视频中知识点的编排与讲解。一般的课堂教学都是采用"教师一言堂"的模式，那么，想要有所创新，就需要在教学知识点的编排上精心设计。知识点的选择需要由点及面，例句的选取也需要具有代表性，可以考虑将学生常见但又容易忽视的翻译错误整理成例句，组织成教学内容，打破学生翻译中的思维定式，激发翻译学习兴趣。同时，教师也可以采用多种教学方法，如比较教学法，将不同情感色彩的例句进行比较、不同文体的例句进行比较、同一词汇的不同用法进行比较等，或可以采用情境教学法，在教学过程中引入现实情境，提高实际翻译应用能力。

作为设计者与教学者的教师，需要更加注重提高自身在学生翻译学习中的影响力。首先，注重教学效果与纯英文授课的设计；其次，注重教学内容的时长、知识单元的连贯性与整体性、知识点编排等方面的设计，从而发挥教师在学习者学习过程中的重要作用。

（三）不断改进教学方法

大学英语翻译教师要改变传统的教学方法，运用CLIL教学法、情境教学法，利用互联网+教学改进教学方法。

1. 运用CLIL教学法

CLIL教学法（Content and Language Integrated Learning），将语言与内容相结合的教学方法，在讲授其他学科内容时语言作为学习工具，将学科知识与语言知识共同学习。这种教学方法非常适用于英语翻译教学。教师在课堂中为学生创建中英文化知识及翻译理论的交流环境，培养学生的交际技巧，学生的英语语言使用能力、口头交际能力及学习态度都有提高。

将CLIL教学法应用于英语翻译课堂，首先学生获得了真实的语言环境（Authentic text）。例如，在讲授商务信函的翻译时，信函这个话题贯穿语言学习的始终，整节课学生都处于真实的语言环境中，这使得信函中使用的单词、语法、句子完全存在于英语语言环境，学生可以进行目的性较高的交流，完成教学任务。

其次，CLIL教学法有助于培养学生的双语使用能力。CLIL教学法对教学内容、教材的选择、教学目标的设定、教学活动的设计都有极高的要求，这就需要每位教师在课前进行大量背景知识的储备，课后进行教学反思和课程修改。将CLIL教学法应用到英语翻译教学中绝非易事。把语言与教学内容相结合是今后英语翻译教学大势所趋，因此在大学教学工作中培养学生将英语作为学习工具来学习英语翻译知识的能力是极其重要的。

2. 采用情境教学法

教师在教学活动中采用情境教学法，有目的的创设活动场景，帮助学生理解教材，给学生良好的暗示和启迪。例如，L教师在讲授商务谈判的翻译时，根据J市水果产业特色在班级内模拟外贸企业进行情境教学。他安排班级学生担任公司总经理、业务部经理、生产部经理、营销部经理、业务员、售后服务专员等角色为学生营造商务谈判的环境，训练学生商务谈判的翻译能力。为了激发学生对广告语翻译的兴趣，L教师下载大量知名产品的优质广告，以视频方式播放给学生。教师要实施课堂创新，就要改进教学方法重视实践教学，充分发挥学生在英语翻译教学活动中的主动性。

3. 利用互联网＋教学改进英语翻译教学方法

"互联网＋英语翻译教学"是利用互联网的平台、信息通信技术，把互联网和传统的英语翻译课堂结合起来，创造一种新的教学模式。

"互联网＋英语翻译教学"不是简单地相加，他是在满足了学生对新知资源获取的同时，对传统课堂教学进行有益的补充，成为以项目为导向的现代英语教育技术的重要组成部分。

"互联网＋英语翻译教学"，展现出直观、形象的教学内容，为教学活动的顺利展开提供有效手段。因地制宜地使用电脑、网络、自媒体等教学手段实现了现代信息化教学手段与传统教学方式的有机结合，转变了学生的学习模式，教师的教学模式，在教学中起到积极作用。

使用信息化教学手段教师还需注意如下问题。首先，英语翻译课堂教学以外，学生的实训教学是不可或缺。相关高校需要修建实训教室，这样能够让学生在模拟真实的商务情景中练习；其次，需要建立校外的实训基地，和企业相互合作，这样能够让学生接触到真实的项目中的翻译文本，提高自己的翻译能力；最后，教师可以充分运用互联网以及多媒体进行辅助教学，学生更为真实感受到语言情境，提升学生的学习效果和学习兴趣。

（四）开展多元互动合作

相关调查显示，教学活动的重要性较高，仅次于教学资源，此外，教学活动与学习者翻译学习意愿的相关性最强。这充分证明了教学活动在提高翻译学习效果与学习意愿中的作用。但是，教学互动的设置仍然存在一定的问题：讨论交流以教师提问为主，生生互动效果不佳；互动形式单一，缺乏实时互动。

师生间缺乏有效的交流互动被认为是课程低成功率的原因之一。针对上课讨论时以师生互动为主，生生互动不佳的问题，有关学者认为，这需要教师团队充分关注学习者的学习状态，注重讨论时学习者学习情绪的变化，关注学生的学习体验。为达成上述目标，需要精心做好教学设计；教师给出的讨论话题除了要具有知识性外，还需要考虑到情境性，讨论需要具有指向性，能够让参与讨论的学生明确讨论目标，激发学习者对学习的期待。除此以外，教师还可以组建学习小组，鼓励学生开展合作学习，针对练习中的知识，或者是翻译学习疑问进行深入讨论，从而形成"学习共同体"。

针对缺乏互动的问题，教学设计者可充分利用现代互联网技术，从以下四点进行考虑。

第一，由于"中国大学MOOC"的讨论交流工具仅限于讨论区，而主讲教师的精力有限，不能够及时地一一回复学生疑问。因此，教学团队可安排助教辅助答疑，从而维持学习者的翻译学习意愿，实现师生之间的沟通。除此以外，也可以赋予少部分学习者一定的权利，设置"学生管理员"，让学生帮助管理讨论区，这也可以提高互动交流的积极性。

第二，除了讨论区互动外，电子邮件也不失为一种有效地沟通方式。教学团队不仅能够通过邮件完成对学习者情况的调查工作，而且还可以在邮件中对学习者的翻译作品与发表的言论进行点评，并鼓励学生继续交流、保持良好的学习状态。在这点上，哈佛大学的China X课程每周定期向学习者发送2—3封电子邮件，邮件里除了学习课程安排外，也会对学习者的学习状况、讨论区言论等予以肯定，保证了与学习者之间的交互。

第三，教师可以提供常用的社交软件，作为在线协作学习与沟通的工具，如QQ、微信、微博等。学习者在这些社交软件上，可以发布学习信息，参与讨论互动，与其他学习者交换学习感悟，同时还可以上传、共享学习成果。相比于讨论区，社交软件更加具有及时性，教师和其他学习者都能够及时收到信息提醒，便于及时解决问题，提高学习者的积极性。但另一方面，加大了教师管理学生言论的压力，这就要求教学者正确引导、合理管理，避免学生发布无用信息对其他学习者产生干扰。

第四，随着时下直播平台的兴起，教学设计者不妨考虑开展在线直播讨论，集中解决学习者的困惑。这种互动方式实时性高，能够拉近网络学习中师生的距离，对于消除学习者由于网络学习产生的孤独感、解决学习困惑具有十分重要的作用。此外，视频直播还可以开设弹幕功能，符合年轻人的交流方式，让互动更加具有趣味性。需要说明的是，由于网上翻译课程的开发成本较高，开设的直播答疑课也可适当收取一定费用，这称之为网上课程的"商业运行模式"，而相关研究也表明，商业模式还可以提高网上翻译课程的通过率。

总体而言，良好的互动是维持学习者翻译学习意愿的重要方式。在教学设计中，教师需要结合多种教学活动形式，保证互动能够及时有效地进行，为学习者建构知识提供丰富的资源与场所，并逐渐提高学生的合作学习与自主学习能力。

（五）创新教学评价方式

教学评价是为了促进学习，而非教学的最终目的。研究结果显示，学生最为认可的评价方式是参与课堂讨论，这要求教师在教学设计中弱化终结性评价，突出形成性评价在学生学业成绩中所占的比重。就这点而言，需要通过改革，突破传统评价方式的限制，这在很大程度上，能够鼓励学生参与讨论，根据课堂讨论与模块测试调整学习方式，从而减少了期末考试的焦虑感。

由于受到翻译课程性质所限制，客观题不能够作为评价学生成绩主要的手段。在教师团队精力有限的情况下，同伴互评机制有其存在的理据。那么，教学设计者需要积极引导，指导学生进行客观的、认真的同伴互评工作，同时加强监管机制，对随意评分的学生予以警告或禁止参与互评等处理。

此外，仅以同伴互评方式来测定学生翻译成绩远远是不够的，教学设计者还需要积极探索其他的测评方式，提高测评的丰富性，从多方面探测学生的翻译学习效果。第一，在翻译课程中设置"嵌入式问题"，问题的设置主要以课堂上所学知识点为主，学生只有回答正确，才能继续学习，即增加了翻译学习的趣味性，又能够及时检测学习效果。第二，教学团队需要充分利用教育大数据，对学生的学习过程进行评价，比如，检测学生观看视频的情况，并纳入评价范围之内。第三，由于学习者更加希望获得教师的权威性评价，因此，教学者可选择点评部分有代表性的作业，并将之整理成文件或录制成视频，作为共享资源。

总体而言，一方面，教学设计者需要提高形成性评价在学生翻译学习中所占的比重。另一方面，积极探索其他的评价方式，丰富测评的多样性，以多种渠道检测学生的翻译水平。与此同时，强化学生的学习动机，如完善学分认证制度；设置电子徽章；设置学分银行，实行翻译课程与学分银行的对接等。

（六）提升教师的教学素养

教学理念能体现教师的价值观以及课堂教学态度，对英语翻译的教学起到了指导性的作用。英语翻译教师要解决知行难合一的问题就必须转变教学理念，使其以市场需求为指引，紧跟时代发展。

大学英语翻译教学首先要转变教学理念，要顺应当前的经济形势，结合党和国家政策，结合区域经济发展特色，培养具有较强业务水平和能力、思想道德一流的优秀翻译人才。

加大提高学生的综合能力水平，提升学生自我价值的实现和创新能力以及团队协作能力，多办讲座，多开职业教育课堂，让每一位教职员工明白学生综合能力培养的重要性，努力创办创新型高校。以科研成果去支持英语翻译教学的转变，强化以市场需求为导向的教学理念。

教师在教授知识期间，必须要有着自己的翻译理论见解和翻译经验，而具体的理论见解主要是来自长时间的科研知识的累积和对市场方向的把握，所以大学英语翻译教学的开展必须以市场为导向以教学方面的科研成果来作为支持。

在教学的理论研究过程中还需要相关研究人员从微观和宏观两个方面进行开展，微观方面，英语翻译课程体系的设置、测试方法、教学方法以及教学模式、教学设备等；宏观方面，调研国内诸多大学英语翻译教学中存在的问题，充分地考虑学生自身特点，从师资力量、个体差异、教学环境等方面入手大量研究和优化，达到提升大学英语翻译教学的整体质量和效果。

1. 树立终身学习理念

首先要从内部原因入手，教师本身要有自我提升的理念，形成终身学习的观点，要深刻明白要给学生一杯水，自己必须有一桶水。教育是讲求"德行"的行业，教师要具有极高的奉献精神，奉献的不仅仅是知识还有个人的经验，教育者要不断加强业务学习，构建新的知识理论结构，形成自己的教育风格，并结合个人经验把不断更新的知识传授给学生。教师要不断学习，向不同领域的先驱者学习，提高自己，并将理论与实践有机结合教师的教学理念才能与时俱进。

2. 开展实操校本教研

打破传统的教研模式，结合高校教研室、初等教育教研室、应用英语教研室等多教研室活动的内容，去粗取精将优化后的内容应用到英语翻译教学中，从根本上达到教研的目的。确定"专项式"英语校本教研模式。传统的教研活动中大多是会议形式，由本系优秀教师进行讲解，其他教师聆听，但是这种"灌注"式教研活动很难激起教师的学习欲望，达不到交流的目的。要提升教研质量，就要摆脱传统的教研禁锢，回归从教学实践出发，确定问题、重塑情境、分析讨论、归纳提升。"专项教研"活动的提出以不断吸收先进的学科精髓和跨学科知识为目标，将多学科教学手段、课程设置等有机整合，是一个不断提高不断发展的新型教研活动形式。教师们把握教学新动向，互通有无，从"一带一路"经济新形势出发，从学生的就业岗位需求出发，更新教学理念，选用符合时代发展教材，增加实操项目的有效性。

3. 创建"名师工作室"

（1）名师工作室的内涵及建设

目前，大学英语翻译优质教师资源短缺，解决这一问题，既需要长远的手段，也需要目前的解决办法，创建"名师工作室"是目前解决该问题的有效手段。名师工作室由我国教育行政部门根据相关文件指导建设的教育教学研究与实践的业务组织，该组织名称由教学名师或技能名师的姓名加专业组成。名师工作室是由普通教育开始创办的，随着大学教育的改革，国家和社会对大学教育名师工作室建设工作越来越重视。大学英语翻译教学名师工作室的建设由本领域教学名师带头，成员由骨干教师、行业专家组成，负责人才培养和社会培训等工作。大学英语翻译名师工作室的成员在教学名师工作室成员基础上增加企业技术骨干、院校青年教师，主要负责学生技能大赛指导工作。在工作室建设中坚持执行"引进来""走出去"的政策，在合作中求发展，在竞争中得双赢。

（2）名师工作室的功能

工作室的教师可以互相学习，交流教学手段与理念，达到集体教学水平提高的理想效果。首先，名师工作室的教学功能。创建"名师工作室"可以汇集英语翻译教师到一起，大家带着不同的教育理念和实际工作经验，共同为教学谋发展促进步，优秀资源的整合弥补了资源匮乏的问题。

"名师工作室"的创建可以衔接各系，乃至各院校的教研活动，使之从独立的个体活动演变成跨系、跨校、跨区域的大团队综合性教研，共同解决英语教学中存在的问题。其次，名师工作室的社会功能。名师工作室可以根据其专业特点借助企业专家的技术特点，建立英语翻译服务中心、英语翻译培训基地，为在职人员、退伍军人、出国务工人员、在校大学生等提供服务。

联合国教科文组织表明新学科知识的更新周期是2—3年，教师在教学中满足现状、停滞不前就等于落后，教师只有不断地学习新的知识提高自己的教学素养才能够保持教学的与时俱进。

4. 搭建"研修一体化"服务合作平台

在科技高速发展，信息传递飞快的时代，要解决各高校教学交流的问题方法有很多，在同一区域各高校间、各院系间，都需要一个交流平台，达到"云交流"的目的，为本地区高校长远发展做出贡献。该平台依托云建设，给各院校的教师提供优秀教学案例视频、教案课件材料等教学资源，开辟教师交流板块，满足教师教学需求，帮助教师分享教学经验，是一种有效先进的教学资源展示平台明。

有学者建议"研修一体化网络平台"应以区域建设为基础，如以省级建设为出发点，待平台成熟稳定可以跨省合作。该平台以区域经济发展需求为导向，各高校专业教师提供信息技术支持，依托"云计划"实行则，使教师成为教研活动的主体，解决了地区局限，教师可以随时随地进行教研活动，不再拘泥于固定的时间地点人物，方便交流与学习。

（七）深入分析学习者特征

分析学习者特征是设计教学内容、调整教学进度的重要前提与基础条件，即使仅做粗略的分析，也能够为教学提供有益的参考。因此，在具体教学设计中，教师需要积极通过电子邮件、学习者讨论区反馈、学生翻译成绩、访谈等方式充分了解学习者情况。

教师在课程设计之初不能够获得课程受众的总体情况，因此，教学者需要将教学设计贯穿于整个课程教学过程中，例如，首先，在开课之初向选课同学发送问卷调查，可以收集到学生的性别、专业、语言与翻译水平、地域分布、年龄等基本信息，对把握学习者的多样性具有重要的作用，也可调查学习者对课程学习有何种期待。与此同时，根据教学内容设置前测试题，用以测试学习者的初始学习能力，可作为教学设计的依据。其次，在课程开设过程中，通过课堂上的交流与互动方式或邮件等形式，及时获取学生对于课程学习的反馈信息，从而调整下一阶段的教学进度。最后，在课程结束后，根据学习者成绩、问卷调查与访谈等方式，探寻学生的翻译学习效果以及对课程学习的感受与建议，为下次开课提供切实的参考与优化方案。

总之，教学设计并不仅仅是短期的任务，应当存在于整个教学过程中，要注重教学设计的系统性，也需要根据学生而设计教学，这也符合加涅（Robert Gagne）的教学设计理论。只有将教学环境和过程与学习者的个体特征相匹配，学习者才能在翻译课程学习中与知识进行良性互动，产生最佳的学习效果。

参 考 文 献

[1] 童琳玲，祁春燕. 演进与变革：网络环境下的英语教学研究 [M]. 北京：团结出版社，2018.

[2] 崇斌，田忠山. 新时期大学英语教学研究 [M]. 成都：电子科技大学出版社，2017.

[3] 曹倩瑜. 英语教学理论与教学法 [M]. 西安：西安交通大学出版社，2017.

[4] 任和. 英语教学理论与实践研究 [M]. 北京：光明日报出版社，2018.

[5] 张敏，王大平，杨桂秋. 英语教学改革与创新研究 [M]. 北京：九州出版社，2018.

[6] 王淑花，李海英，孙静波等. 大学英语教学模式改革与发展研究 [M]. 北京：知识产权出版社，2018.

[7] 徐道平，王凤娇，赵卫红. 互联网时代下高校英语教学研究 [M]. 长春：吉林人民出版社，2019.

[8] 赵晓峰. 信息技术环境下的英语教学研究 [M]. 天津：天津科学技术出版社，2019.

[9] 杨静. 现代语言学流派与英语教学探究 [M]. 北京：中国商业出版社，2019.

[10] 杨雪静. 高校英语教学模式创新研究 [M]. 长春：吉林人民出版社，2020.

[11] 张献. 大学英语教学理论及实践应用 [M]. 武汉：中国地质大学出版社，2020.

[12] 赵常花. 媒体融合视角下的大学英语教学理论与实践研究 [M]. 北京：企业管理出版社，2020.

[13] 周霓忻. 基于翻转课堂的高职英语教学模式研究 [J]. 文化创新比较研究，2019，3（35）：114-115.

[14] 郭晓飞，张丽梅. 职业能力视角下高职英语教学模式探讨 [J]. 国际公关，2020（03）：119.

[15] 舒斌. 浅析以学生为中心的高职英语教学模式[J]. 湖北开放职业学院学报，2020，33（03）：168+181.

[16] 王艺璇，曹晓晨. 信息化背景下大学英语教学改革的问题与策略[J]. 黑龙江工程学院学报，2020，34（05）：69-72.

[17] 郭妍. 产出导向法下的大学英语课堂教学的实践研究[J]. 农家参谋，2020（22）：245-246.

[18] 韦唯. 基于雨课堂的大学英语教学改革实践和反思[J]. 佳木斯职业学院学报，2020，36（05）：176-177.

[19] 张丽晔. 翻转课堂在大学英语教学中的应用研究[J]. 国际公关，2020(04)：38-39.

[20] 徐婧. 移动课堂视角下高校英语教学模式改革研究[J]. 长江丛刊，2020（10）：79-80.

[21] 贾荣武. 浅谈网络多媒体环境下高职英语教学模式改革[J]. 中国多媒体与网络教学学报（中旬刊），2020（02）：10-11.

[22] 洪金梅. 混合式教学模式下发挥高职英语教师主导作用的策略[J]. 当代教育实践与教学研究，2020（04）：11-12.

[23] 苏可. 基于SPOC的大学英语教学模式优化对策研究[J]. 太原城市职业技术学院学报，2020（12）：125-127.

[24] 杨婕，王璟珺. 基于翻转课堂理念的大学英语教学模式研究[J]. 英语广场，2020（35）：96-98.